A ESQUERDA HOJE

ALEXANDRE RANDS BARROS

A ESQUERDA HOJE

MITOS, VERDADES E ILUSÕES

ALTA CULT
EDITORA

Rio de Janeiro, 2021

A Esquerda Hoje - Mitos, verdades e ilusões
Copyright © 2021 da Starlin Alta Editora e Consultoria Eireli. ISBN: 978-85-5081-352-3

Todos os direitos estão reservados e protegidos por Lei. Nenhuma parte deste livro, sem autorização prévia por escrito da editora, poderá ser reproduzida ou transmitida. A violação dos Direitos Autorais é crime estabelecido na Lei nº 9.610/98 e com punição de acordo com o artigo 184 do Código Penal.

A editora não se responsabiliza pelo conteúdo da obra, formulada exclusivamente pelo(s) autor(es).

Marcas Registradas: Todos os termos mencionados e reconhecidos como Marca Registrada e/ou Comercial são de responsabilidade de seus proprietários. A editora informa não estar associada a nenhum produto e/ou fornecedor apresentado no livro.

Impresso no Brasil — 1ª Edição, 2021 — Edição revisada conforme o Acordo Ortográfico da Língua Portuguesa de 2009.

Produção Editorial
Editora Alta Books

Gerência Editorial
Anderson Vieira

Gerência Comercial
Daniele Fonseca

Produtor Editorial
Illysabelle Trajano
Thiê Alves

Assistente Editorial
Keyciane Botelho

Marketing Editorial
Livia Carvalho
Gabriela Carvalho
marketing@altabooks.com.br

Coordenação de Eventos
Viviane Paiva
eventos@altabooks.com.br

Editor de Aquisição
José Rugeri
j.rugeri@altabooks.com.br

Equipe Editorial
Ian Verçosa
Luana Goulart
Maria de Lourdes Borges
Raquel Porto
Rodrigo Ramos
Thales Silva

Equipe de Design
Larissa Lima
Marcelli Ferreira
Paulo Gomes

Equipe Comercial
Daiana Costa
Daniel Leal
Kaique Luiz
Tairone Oliveira
Vanessa Leite

Revisão Gramatical
Luis Valdetaro
Fernanda Lutfi

Diagramação
Lucia Quaresma

Capa
Joyce Matos

Publique seu livro com a Alta Books. Para mais informações envie um e-mail para autoria@altabooks.com.br

Obra disponível para venda corporativa e/ou personalizada. Para mais informações, fale com projetos@altabooks.com.br

Erratas e arquivos de apoio: No site da editora relatamos, com a devida correção, qualquer erro encontrado em nossos livros, bem como disponibilizamos arquivos de apoio se aplicáveis à obra em questão.

Acesse o site **www.altabooks.com.br** e procure pelo título do livro desejado para ter acesso às erratas, aos arquivos de apoio e/ou a outros conteúdos aplicáveis à obra.

Suporte Técnico: A obra é comercializada na forma em que está, sem direito a suporte técnico ou orientação pessoal/exclusiva ao leitor.

A editora não se responsabiliza pela manutenção, atualização e idioma dos sites referidos pelos autores nesta obra.

Ouvidoria: ouvidoria@altabooks.com.br

Dados Internacionais de Catalogação na Publicação (CIP) de acordo com ISBD

B277e   Barros, Alexandre Rands
            A esquerda hoje: mitos, verdades e ilusões / Alexandre Rands Barros. - Rio de Janeiro : Alta Books, 2020.
            192 p. : il. ; 16cm x 23cm.

            Inclui bibliografia e índice.
            ISBN: 978-85-508-1352-3

            1. Ciência política. 2. Ideologias políticas. 3. Esquerda. I. Título.

2020-540
CDD 320.5
CDU 329.055.4

Elaborado por Odílio Hilario Moreira Junior - CRB-8/9949

Rua Viúva Cláudio, 291 — Bairro Industrial do Jacaré
CEP: 20.970-031 — Rio de Janeiro (RJ)
Tels.: (21) 3278-8069 / 3278-8419
ALTA BOOKS EDITORA
www.altabooks.com.br — altabooks@altabooks.com.br
www.facebook.com/altabooks — www.instagram.com/altabooks

ASSOCIADO
Câmara Brasileira do Livro

DEDICATÓRIA

Dedico este livro àqueles que souberam defender a maior igualdade entre todos os indivíduos, não cederam aos encantos corporativos que atrapalham o desenvolvimento das forças produtivas, nem sucumbiram a ideologias autoritárias que, mesmo às vezes se apresentando como de esquerda, ferem um de seus pilares básicos.

AGRADECIMENTOS

Esse livro foi escrito a partir da percepção de que o pensamento de esquerda no Brasil atualmente apresenta algumas distorções importantes. Ele se distanciou muito não só das ideias que prevaleceram na sua origem, no século XIX, mas daquelas que serviram de base para a recomposição do pensamento de esquerda nos últimos cem anos. Essas últimas foram desenvolvidas em vários ambientes acadêmicos e intelectuais do mundo, em especial na Europa. Nosso pensamento de esquerda ficou muito poluído pelo corporativismo de segmentos sociais específicos, compostos predominantemente de indivíduos de classe média, que buscaram capturar para si os benefícios a serem obtidos a partir de uma eventual hegemonia da esquerda no poder público.

Ao estar sujeito a críticas frequentes advindas desses segmentos da classe média da esquerda local, preocupei-me em aprofundar o que seria de fato o pensamento de esquerda e, se necessário, até me reposicionar socialmente. A conclusão, contudo, foi que as ideias dominantes associadas à esquerda no Brasil romperam com vários de seus pilares básicos. E essa ruptura era na verdade a origem de minhas discórdias em relação às suas concepções. Ou seja, eu permanecia de esquerda. A esquerda no Brasil é que havia perdido o foco.

Os diversos movimentos de esquerda no Brasil se encheram de um nacionalismo e defesa de um desenvolvimentismo que muito antagonizam com os ideais realmente de esquerda. Além disso, sua base cristã também introduziu várias distorções na abordagem das relações entre pessoas, e até mesmo nos conceitos de justiça. Além disso, sua base em sindicatos de funcionários públicos ou de estatais levou a que abraçasse com muito entusiasmo a tese do socialismo a conta gotas, que também contraria os princípios verdadeiramente de esquerda. Dessa forma, passei a desconfiar que talvez minhas ideias não tivessem deixado de ser de esquerda, apenas não se sensibilizavam com aquelas que se apresentavam como de esquerda em nosso país.

Diante disso, meu agradecimento é para essas pessoas que me criticaram ao longo de meus quase trinta anos após retornar ao Brasil. Elas me fizeram buscar aprofundar a compreensão do pensamento de esquerda. Tal pesquisa resultou nesse livro.

SUMÁRIO

INTRODUÇÃO	1
Relevância do Texto	4
Organização do Livro	6
CAPÍTULO 1: FILOSOFIA DA HISTÓRIA PARA A ESQUERDA MODERNA	9
Introdução	9
Conceitos Básicos	11
Filosofia da História de Hegel	12
Visão Marxista	14
Uma Nova Filosofia da História	16
Determinantes da Evolução Histórica: Críticas a Hegel e Marx	23
Noções Básicas de Jogos Não Cooperativos e seu Possível Papel na Dinâmica Histórica	25
As Motivações Humanas e seu Papel para a Evolução Histórica	32
Homo Não Cooperativo Versus Homo Cooperativo	35
Diferenças de Visão da Natureza Humana nas Filosofias de Esquerda e das Mais Liberais	36
Conclusões e o Papel da Filosofia da História para a Reconstrução do Pensamento de Esquerda Moderno	38
CAPÍTULO 2: CONCEITO DE ESQUERDA HOJE	43
Introdução	43
Pilares Básicos do Conceito de Ideologia de Esquerda	44
Igualdade Social	46
Democracia	48
Aceleração do Crescimento Econômico	50
Esquerda Versus Direita	52
Distribuição de Renda e Aceleração do Crescimento	53
Determinação da Distribuição de Renda	53
Distribuição de Renda e Renda Permanente	58
Conceito de Esquerda Considerando Relação Entre Renda Permanente e Distribuição de Renda	62
CONCLUSÕES: Comentários Adicionais	65
CAPÍTULO 3: FUNDAMENTOS E LIMITES DA NOÇÃO DE IGUALDADE CONTIDA NO PENSAMENTO DE ESQUERDA	67
Introdução	67
Fundamentos Ontológicos das Desigualdades	69
Composição de Atributos e Esforço	78
Ineficiência e Esquerda	81

A Esquerda Hoje: Mitos, Verdades e Ilusões

Mais Comentários Sobre Desigualdade e Crescimento   83

Igualdade de Oportunidades e Desigualdade de Renda Advindas de Atributos
Adquiridos   86

Conclusões: Comentários Adicionais   91

Capítulo 4: Fundamentos do conceito de democracia contido no
pensamento de esquerda   95

Introdução   95

Do Indivíduo à Democracia   97

Fundamentos Micro das Diferenças nos Conceitos de Democracia   100

Natureza da Democracia   105

Conclusões: Comentários Adicionais   109

Capítulo 5: Tamanho do Governo: O impacto nos ideários de esquerda   111

Introdução   111

Tamanho do Estado e Prioridades da Esquerda: Abordagem Empírica   113

Distribuição de Renda e Tamanho do Governo   115

Crescimento Econômico e Tamanho do Estado   122

Democracia e Tamanho do Estado   126

Impacto do Tamanho do Estado na Democracia   129

Democracia Versus Renda Permanente   133

Conclusões   137

Capítulo 6: Tamanho do Governo: Estrutura ótima   139

Introdução   139

Determinação do Tamanho Ótimo do Governo   141

Esquerda Versus Liberais na Determinação do Tamanho Ótimo do Estado   146

Determinação da Estrutura Ótima de Governo   148

Arrecadação de Tributos   154

Conclusões   157

Conclusões   159

Introdução   159

Menos Religiosidade na Interpretação da Essência do Ser Humano   160

Essência da Esquerda   163

Esquerda Versus Liberais   163

Natureza da Igualdade Defendida   166

Mais Democracia   168

Socialismo Concreto   168

Partidos de Esquerda no Brasil Atualmente   170

Referências   173

Índice   179

INTRODUÇÃO

As mudanças recentes no mundo, como a derrubada do socialismo concreto na Europa e as transformações na China, levaram a uma crise no pensamento de esquerda. Até mesmo países como Cuba, que é bastante fechada a ideias de fora, têm sido fortemente impactados por essas transformações. Partidos comunistas, socialistas e social-democratas em todo o mundo têm se reinventado completamente nas últimas décadas como consequência dessa crise dos modelos concretos de socialismo. Além disso, muitas pessoas que se diziam de esquerda sofreram uma verdadeira diáspora ideológica, migrando para as mais diversas filosofias políticas. Por mais incrível que possa parecer, vários indivíduos se voltaram para a direita, engajando-se em campanhas como a de Marine Le Pen na França, em 2012, e Ângela Merkel na Alemanha, em 2017.

Vários ex-esquerdistas, ao se decepcionarem com os resultados concretos das lutas socialistas ou social-democratas, aderiram à defesa frenética do meio ambiente e de animais, enquanto outros se engajaram na defesa das mais diversas minorias sem aderirem a qualquer proposta de modelo global de funcionamento da sociedade. Ou seja, resolveram se omitir das discussões em torno das propostas de funcionamento institucional global da sociedade, prendendo-se apenas a bandeiras de lutas específicas.

Aqui no Brasil, esses percalços da esquerda não são muito diferentes do que se observa no mundo ocidental. A diáspora ideológica de pessoas engajadas na defesa do socialismo para as lutas parciais de interesses específicos foi marcante. Além disso, houve migrações ideológicas importantes, e hoje há antigos esquerdistas que se autodefinem como de direita. Os clássicos partidos comunistas, o Partido Comunista Brasileiro (atual PPS) e o Partido Comunista do Brasil (PCdoB), perderam qualquer referência de modelo de sociedade, tornando-se, acima de tudo, agregados de interesses de grupos de indivíduos filiados ou aliados. Ou seja, a esquerda também está perdida por aqui.

Diante disso tudo, o momento é propício para uma discussão do que é ser de esquerda hoje. Essa é a proposta desse livro. Entender o que é ser de esquerda na sociedade atual. Obviamente, tal discussão passa por compreender o que é a essência das ideias de esquerda, assim como o que elas significam no mundo contemporâneo, que passou e passa por tantas transformações. Ou seja, parte-se do pressuposto de que os conceitos de esquerda e direita ainda são relevantes e de que há uma essência de esquerda que ainda pode ser identificada e que é relevante para a realidade social atual.

Muitos estudiosos têm defendido que a distinção entre esquerda e direita não faz mais sentido no mundo moderno por causa das misturas das ideologias. Entretanto, alguns ainda acreditam que tal diferença continua existindo e que identifica ideologias específicas, caso, por exemplo, de Norberto Bobbio (1996). Nessa visão, comumente argumenta-se que existem ideologias político-sociais que defendem mais igualdade e justiça social, além de mais democracia. Essas seriam as ideologias de esquerda. Ou seja, a essência da esquerda estaria na defesa de mais igualdade e justiça social, além de democracia.

Há ainda visões de esquerda que têm a preocupação com a igualdade social a ponto de advogarem maior intervenção do Estado para promovê-la, mesmo que isso possa sacrificar as liberdades individuais. Nesse contexto, essas visões de mundo pregam a predominância do coletivo sobre o individual, e por tal objetivo aceitam sacrificar a liberdade individual em nome das igualdades social e econômica. Diante dessas prioridades, o pilar democrático é eliminado, concentrando-se o foco apenas na igualdade e justiça sociais. As experiências concretas de governos comunistas no mundo até então se fundaram nessa matriz de pensamento de esquerda. O poder de intervenção concentrado no Estado levou a abusos e privilégios para poucos, o que culminou com o esfacelamento da maioria desses governos e a própria desmoralização dos ideais de esquerda.

Essas visões de esquerda se contrapõem às ideologias de direita, que priorizam a liberdade individual em detrimento da igualdade social e econômica. Algumas dessas visões de direita são mais condescendentes com sacrifícios aos princípios democráticos, desde que um Estado mais forte venha a assegurar mais facilmente as liberdades individuais na economia. Entretanto, isso não faz parte de todas as ideologias de direita. Ainda pode fazer parte do repertório de visões de direita aceitar que as desigualdades sociais seriam naturais e o progresso do indivíduo ou da família deve depender do esforço próprio ou de ancestrais. Por isso, o estado só pode intervir para garantir que essas relações entre esforço e progresso existam e se perpetuem ao longo da história.

Essas diferentes concepções de direita e esquerda trazem muita confusão e muitas vezes alguns atributos podem ser associados a ambas as ideologias. A aceitação do sacrifício à democracia é um caso. Alguns acham que a decisão da maioria pode levar a sacrifícios inaceitáveis das liberdades individuais em prol da promoção da igualdade social, como sugerido, por exemplo, por Rawls (1991). Por isso, em uma concepção de direita, aceitam um poder político forte e com alguma dose de autoritarismo para assegurar as liberdades individuais. Outros, de esquerda, acreditam que as forças de mercado levam a muita desigualdade social e por isso torna-se necessário um estado intervencionista que pode ferir princípios democráticos, desde que aja em benefício da igualdade social. Ou seja, há ideologias tanto de esquerda como de direita que aceitam sacrificar a democracia.

A concepção de justiça social também pode levar a visões similares entre esquerda e direita em algumas situações, ao menos na aparência. A preservação de direitos adquiridos, como privilégios previdenciários, por exemplo, pode ter suporte na ideia de justiça social. Ou seja, encontra apelo para visões de esquerda, obviamente relegando-se o fato de que assegura os privilégios de uma minoria em detrimento da maioria. A direita, por sua vez, pode recorrer ao contrato social prévio como base para defesa de tal ideia, considerando-se o respeito a contratos como passo fundamental para se respeitar as liberdades individuais. Ou seja, a mesma ideia consegue obter defesa em argumentos que podem ser relacionados com as ideias de direita ou de esquerda.

É dentro dessa confusão ideológica que o presente livro tenta esclarecer e defender uma visão do que é a essência da esquerda e o que significa ser de esquerda hoje no Brasil e na maioria dos países ocidentais.

Relevância do Texto

As teorias econômicas que fundamentaram o pensamento de esquerda nos últimos 150 anos obviamente tinham limites históricos. A Teoria Marxista foi a base para a construção dessas ideologias desde então. Apesar da grande evolução da teoria econômica nesse período, pouco se incorporou das novas ideias a esse pensamento. Essa defasagem histórica limitou-o bastante até então por não incorporar aprofundamentos importantes. A noção de risco e a aversão ao risco, problemas de agente-principal, noções de teoria dos jogos, como jogos cooperativos e não cooperativos, papel das instituições e contratos no desenvolvimento econômico são alguns dos desenvolvimentos teóricos que foram ignorados na teoria marxista e que não foram adequadamente contemplados na formação das ideias da esquerda, apesar de suas contribuições inquestionáveis à compreensão do funcionamento da sociedade.

Uma ideia falha da teoria marxista, e que por isso foi desprezada nas ideologias modernas de esquerda, é que o ser humano não tem apenas uma necessidade básica, que seria um maior bem-estar material que assegure a sobrevivência com o maior conforto possível. Mas possui também a necessidade de evitar riscos, ou seja, ele é averso ao risco. Por risco se supõe a possibilidade de perda de bem-estar no futuro. Tal mudança simples altera inclusive a própria forma de interpretar a história e os determinantes essenciais de sua evolução, que estão contidos na filosofia da história que fundamenta o pensamento de esquerda.

Entretanto, cabe destacar que as ideologias de esquerda também utilizam a ideia de Rousseau de que a natureza do ser humano é boa. Solidariedade com os demais é algo inato ao homem, apenas deformado por sistemas econômicos que geram o conflito, como é o caso das economias capitalistas, que têm no conflito entre classes sociais a sua base de funcionamento. Com isso, importou-se das religiões alguns conceitos da natureza humana, como imagem e semelhança de Deus, e busca-se gerar um ambiente institucional que assegure a prevalência dessa natureza.

Assim, uma outra ideia errônea que fundamentou muitos dos conceitos de esquerda no último século e meio é essa visão de ser humano, que foi desenvolvida antes das teorias de Charles Darwin sobre a origem das espécies. Seu fundamento era basicamente religioso, como se a religião não fosse em si uma criação do ser humano diante de necessidades históricas concretas. Isso faz com que muitas de suas ideias não reflitam a realidade. A consequência é que as ideias fundamentadas em pilares falsos muitas vezes não funcionam quando geram ações concretas a partir delas. Essa seria uma origem importante das falhas do socialismo concreto.

Daí a clara necessidade de reciclagem que o pensamento de esquerda demanda no momento, época em que alguns de seus pressupostos se mostram falsos e suas suposições sobre a natureza humana são bastante questionadas pelos desenvolvimentos científicos. Esses novos desenvolvimentos científicos puseram em xeque a base de todo o pensamento marxista, que é sua filosofia da história. Daí o próximo capítulo trazer uma síntese dessa filosofia e uma visão alternativa, que incorpora os desenvolvimentos relevantes já mencionados.

Além dessa atualização necessária, o pensamento de esquerda precisa se livrar de vários dogmas e bandeiras meramente corporativas, que não o representam de fato e que muitas vezes são até mesmo contraditórios em relação a ele. Defendem interesses de segmentos sociais específicos e muitas vezes violentam a essência do pensamento de esquerda. No entanto, a confusão que tomou conta do pensamento de esquerda faz com que alguns defensores de tais bandeiras se apresentem à sociedade como esquerdistas, e dessa forma terminam por desmoralizar a ideologia de esquerda.

Por tudo isso, é momento de voltar às origens do pensamento de esquerda e tentar delimitar com precisão seus conceitos para tentar livrá-lo dos oportunistas que procuram empunhar essa bandeira para obter benefícios pessoais ou corporativos. A ideia desse livro é contribuir para a depuração do pensamento de esquerda.

Organização do Livro

O livro está dividido da seguinte maneira: o primeiro capítulo apresenta uma discussão das filosofias da história de Hegel e Marx para, a partir de uma crítica a elas, propor uma nova filosofia da história que seja mais adequada aos desenvolvimentos científicos desde o século XIX. Com isso, busca-se identificar os determinantes da dinâmica da história. A partir dessa nova filosofia da história, é possível perceber que esses determinantes são diferentes daqueles propostos por Hegel e por Marx.

O capítulo 2 traz uma apresentação do conceito de esquerda, buscando identificar sua essência. Três pilares são apontados como essenciais: (i) a defesa da promoção da maior igualdade de renda possível ou pelo menos de oportunidades; (ii) a busca pela eficiência econômica; e (iii) o compromisso com a máxima democracia possível. Obviamente, há momentos em que esses três objetivos de um pensamento de esquerda podem ser contraditórios entre si. Ainda no capítulo 2, discute-se essa possibilidade e tenta-se delimitar o que seria o pensamento de esquerda diante de tais dilemas.

O capítulo 3, por sua vez, aprofunda a discussão de algumas das ideias desenvolvidas no capítulo 2. Foca particularmente os limites e o verdadeiro significado da igualdade social defendida, pois a ideia não é a promoção da total igualdade de renda, mas apenas a prioridade para ela, além de assegurar o máximo de igualdade de oportunidades possível. Isso é feito tentando entender mais profundamente os fundamentos das desigualdades de renda para analisar que parte delas de fato são objetos de combate pela esquerda. Os ideais de esquerda não necessariamente buscam eliminar todas as fontes de desigualdades, mas há algumas que são vistas como mais importantes de serem reprimidas. Esse mesmo capítulo discute a postura da esquerda diante da ineficiência econômica, pois muitas das propostas da pseudo esquerda atual induzem a essa falta de eficiência.

O capítulo 4 discute os fundamentos do conceito de democracia contido no pensamento de esquerda. Argumenta-se que a visão de democracia no pensamento de esquerda é muito mais radical do que a encontrada nas ideologias liberais. O respeito às minorias desempenha papel essencial no conceito de democracia para as esquerdas. O capítulo 5, por sua vez, discute o problema do tamanho do Estado. A análise foca o impacto do crescimento do tamanho do governo nos três objetivos da esquerda: igualdade de renda, eficiência econômica e democracia. O capítulo 6 discute o tamanho ótimo do governo. Argumenta-se que, enquanto muitas ideologias que se dizem de esquerda defendem o inchamento do setor público, essa é uma ideia contraditória com o pensamento genuinamente de esquerda. Ainda nesse capítulo, discute-se também a estrutura ótima do governo diante de vários desafios, políticas setoriais, tributação, investimentos em infraestrutura e políticas sociais.

A conclusão resume os principais resultados encontrados ao longo do livro e discute alguns tópicos pontuais importantes para o que é ser de esquerda hoje. Também são apresentadas algumas ideias que visam contribuir para a postura social das pessoas que realmente são de esquerda.

CAPÍTULO 1

FILOSOFIA DA HISTÓRIA PARA A ESQUERDA MODERNA

INTRODUÇÃO

A Teoria Marxista que fundamenta o pensamento de esquerda atual tem como base a filosofia da história desenvolvida por Marx no século XIX. Por isso, antes de iniciar discussões importantes, como o próprio conceito de esquerda e algumas de suas consequências para posições políticas atuais, é fundamental entender essa filosofia e atualizar algumas de suas ideias. Isso se faz necessário porque Marx viveu numa época em que vários desenvolvimentos científicos ainda não eram conhecidos, como a Teoria do Jogos, que foi mais rigorosamente formulada no século XX, ou ainda não tinham sido digeridas de maneira adequada pela comunidade científica, como a Teoria da Evolução das Espécies, introduzida por Charles Darwin.

As filosofias da história, entre outras preocupações, buscam revelar relações básicas que geram o movimento da história. Partem do pressuposto de que há uma relação entre o presente e o passado. O presente evolui do passado e existem algumas leis que tendem a explicar esse movimento. Obviamente, reconhece-se que há vários níveis de determinação da realidade social do presente a partir do passado. Formas específicas que o passado assumiu afetam o presente. Mas, além dessas especificidades, há leis que explicam a evolução geral e que independem do momento específico que se classificou como passado ou presente, não importando a sociedade específica em análise.

Vale ressaltar que essa ideia não é compartilhada por todos os filósofos da história. Muitos acreditam que não existem essas leis gerais e que sempre há relações específicas a cada momento e em cada sociedade que explicam a conexão entre momentos consecutivos na história.[1] Tentar encontrar essas leis gerais que explicariam a evolução histórica seria um esforço intelectual inútil. Em uma visão econômica, é difícil incorporar tal concepção cética, pois a ciência econômica moderna busca sempre extrair leis e teorias atemporais que, sendo elas próprias dinâmicas, tenderiam a gerar relações de causa e efeito no tempo, que sempre ocorrerão. Como consequência, baseia-se na criação de relações gerais de causa e efeito que explicarão muito da evolução da história em qualquer momento e em todas as sociedades.

Por exemplo, na relação entre investimento e aumento da renda futura, há uma associação que se processa no tempo. Decisões hoje, entre consumo e investimento (ou poupança), geram resultados no futuro. A decisão por investimento leva algum tempo para ser implementada, o que comumente eleva a produção algum tempo depois, gerando uma relação intertemporal. Tal relação existe em qualquer sociedade, mesmo que ainda não haja moeda. Obviamente, quando se supõe que as sociedades já possuem moeda, o que ocorre na maioria delas há muito tempo, aumenta tremendamente essas teorias que asseguram uma relação intertemporal.

A partir dessa concepção de que existe dependência intertemporal na evolução histórica e que é possível encontrar leis que definam como essa evolução ocorre, serão aqui analisadas duas das principais filosofias que argumentam existir essas leis gerais de evolução histórica. São elas a de Hegel, que serviu de base inicial para a revisão de Marx, e a do próprio Karl Marx, que fundamentou o pensamento de esquerda desde então. Após essas revisões iniciais, uma nova filosofia da história, construída parcialmente a partir da crítica das duas anteriores, será apresentada. Essa última é a base para a interpretação da ideologia moderna de esquerda.

---

1 Donagan (1966) é um exemplo dessa visão.

O capítulo está organizado da seguinte maneira: na próxima seção são apresentados alguns conceitos básicos que serão úteis para entender as diversas filosofias da história. Nas seções 3 e 4 são apresentadas as filosofias da história de Hegel e Marx, respectivamente. Na 5, a nova filosofia da história é introduzida, enquanto as seções 6 e 7 a desenvolvem um pouco mais. A 8 resume as principais conclusões e discute um pouco o papel da filosofia da história para o pensamento moderno de esquerda.

Conceitos Básicos

Antes de prosseguir para apresentar as filosofias da história de Hegel e Marx, além de uma versão desenvolvida aqui, introduziremos alguns conceitos da filosofia da história marxista, que serão utilizados também nas apresentações das outras duas. Isso significa que, de certa forma, a apresentação a ser realizada aqui será dentro de um paradigma marxista, já que na conceituação básica para deixar claras as visões alternativas serão utilizados conceitos dessa filosofia.

O primeiro conceito introduzido é o de relações sociais de produção. Marx (1868) definiu-as como o conjunto das relações econômicas, entre elas o estado momentâneo e a evolução do desenvolvimento tecnológico, e das relações sociais estabelecidas no processo produtivo, tanto dentro de unidades produtivas individuais como em uma coletividade e entre coletividades, sejam elas definidas como cidades, países ou mesmo continentes. Na verdade, há controvérsias sobre o que exatamente estaria incluído nesse conjunto na nomenclatura de Marx, dado que ele mesmo utilizou o conceito com mais de um nível de abrangência em seus diversos trabalhos. Mas o conceito apresentado nesse parágrafo será o utilizado a seguir.

O segundo conceito é de superestruturas. Elas incluem as relações sociais que não são diretamente ligadas ao processo de produção e distribuição de bens e serviços. Incluem-se aí as instituições estabelecidas, o Estado entre elas; a cultura; os valores morais; as normas sociais; a religião; os padrões estéticos; o senso comum etc. Esse segundo grupo de fenômenos sociais pode ser dividido em dois subgrupos. Um que inclui apenas as instituições com relevância para a organização produtiva dos

Filosofia da História de Hegel

Hegel apresentou sua filosofia da história em um livro que foi publicado após sua morte, mas cuja versão mais acessada foi publicada por seu filho em 1840.[2] Ele parte do pressuposto de que existe uma "divindade" que gerou uma composição racional do universo, que é absoluta e indiscutível, apesar de poder mudar ao longo do tempo. Nesse contexto, a história da humanidade seria uma convergência permanente para esse mundo racionalmente definido. Essa trajetória, contudo, não seria suave e persistente. Há momentos em que o curso da história se afasta desse ideal racional, gerando contradições entre a verdade racional e absoluta e a realidade efetiva. Essas contradições são eventualmente resolvidas em prol da racionalidade absoluta, havendo assim essa convergência de longo prazo.

Desvios de curto prazo do caminho que leva a esse ideal podem se acentuar porque o imediato da história é determinado pelas paixões humanas, que envolvem motivações e sentimentos não racionais e/ou de satisfações momentâneas individuais. Entretanto, os ditames da razão sempre se encontram por baixo dos movimentos mais superficiais da história e a partir das contradições geradas entre a forma e o conteúdo da evolução, este determinado pelo curso da razão, há o avanço dessa última na história. Essas contradições constantes entre os mundos ideal, representando a razão, e o real constituiriam o principal motor da história, levando permanentemente a mudanças na sociedade.

As instituições e demais superestruturas, sobretudo a organização do Estado, tenderiam a padrões ideais em que a razão prevalece. Entretanto, poderia haver desvios que gerariam ou aprofundariam as contradições entre o real e o ideal, como já exposto. Essas contradições gerariam soluções de ajuste que eventualmente reverteriam o equilíbrio de forma que possa haver retorno a um caminho de convergência

---

2   Nas referências aparece sua tradução para o inglês como Hegel (2001).

para o mundo ideal e racional. Essa prevalência do ideal sobre o real e a convergência para esse ideal, definido de modo racional por uma superioridade divina, é que fez com que Hegel tenha sempre sido classificado como um filósofo idealista.

A tecnologia e os processos produtivos, assim como as relações sociais em torno da produção, também evoluiriam permanentemente para um ideal absoluto. Ou seja, as relações sociais de produção teriam uma convergência para um modelo racional, que poderia ser definido como ideal, mesmo sem precisar recorrer a juízos de valor. Isso incluiria não só os processos de produção e distribuição, mas toda a organização social em torno deles. Obviamente, a maior produtividade e a organização em que o ser humano tem maior satisfação com menor esforço, em uma visão utilitarista dessa filosofia, seria a consequência dessa convergência. Contradições poderiam aparecer quando há externalidades negativas dos processos produtivos ou gera-se, por exemplo, anomalias como a escravidão. Os interesses imediatos e as paixões momentâneas poderiam levar ao florescimento, e mesmo ao crescimento, desses fenômenos contrários ao ideal gerado pela razão. A racionalidade humana, contudo, levaria à superação dessas contradições com o avanço do bem-estar gerado a partir das relações sociais de produção.

O desenvolvimento da racionalidade nas instituições e organizações sociais seria a fonte mais importante para que a razão prevaleça nas relações sociais de produção e assegure o ritmo socialmente mais adequado do desenvolvimento da produtividade ou forças produtivas, no conceito Marxista. Ou seja, as superestruturas políticas, em particular o Estado e as instituições, seriam de fato os maiores determinantes das relações sociais de produção, pois a superação das contradições entre o ideal e o real tende a gerar resultados mais rapidamente na evolução dessas instituições e então desencadeiam ajustes nas relações sociais de produção.

As contradições entre o mundo ideal concebido pela razão e a realidade efetiva constituem o motor da história. As sociedades evoluiriam a partir dessas contradições e convergiriam para um mundo ideal, apesar de sofrerem reveses frequentes, porém transitórios. Vale ressaltar que a prevalência da razão nas instituições é que leva à evolução racional das relações sociais de produção. Ou seja, o ritmo de desenvolvimento da produtividade é determinado, em última instância, pelo desenvolvimento das superestruturas, entre elas as instituições.

Como consequência, descobrir o ideal para a moral, o direito, a organização política etc. seria um dos objetivos da filosofia. Avançando nessas descobertas, ela poderia fomentar um ritmo mais acelerado da evolução da sociedade para o mundo da razão. Ou seja, na visão de Hegel, o desenvolvimento teria no conhecimento filosófico e humanista um de seus determinantes fundamentais.

Hegel também enfatiza o papel dos líderes, principalmente políticos, para promover a evolução, pois eles seriam capazes de trazer soluções para as contradições e deveriam fazer a razão prevalecer. Ou seja, os líderes tanto podem, por interesses pessoais, gerar contradições como trazer soluções em favor da racionalidade. Na visão dele, sempre apareceria um líder que promoveria tal solução em prol da racionalidade em momentos específicos para resolver contradições e impulsionar a sociedade para o seu caminho em direção à razão.

Visão Marxista

Marx apresentou sua filosofia da história ao longo de vários trabalhos, de forma parcial em cada um deles, sem ter esse objeto como preocupação maior. O livro a *Ideologia Alemã*,[3] escrito por Marx com Friedrich Engels, não sendo publicado à época por falta de editora, foi um dos primeiros a abordar a questão, mas outras obras, como *18 Brumário de Luís Bonaparte*,[4] *Contribuições à Crítica da Economia Política*,[5] e principalmente o *Capital*,[6] trazem muitas passagens e comentários que introduzem essa filosofia.

Assim como em Hegel, Marx identifica em contradições intrínsecas ao processo histórico o motor da história. Mas, para ele, os conflitos de interesse entre as classes sociais geram a luta de classes e seriam as contradições fundamentais para determinar a evolução das sociedades. Enquanto para Hegel seriam as contradições entre o mundo real e os produtos da razão que moveriam a história, Marx traz as contradições para o mundo real, entre entes históricos concretos, que são as classes sociais. Ou seja, Marx mantém a lógica dialética de Hegel, mas

---

3   Marx (1932), originalmente escrito em 1846.

4   Marx (1963), originalmente escrito em 1852.

5   Marx (1977), originalmente escrito em 1859.

6   Marx (1967), originalmente publicado em 1867.

traz para o mundo material as contradições essenciais que explicam a evolução histórica. Por isso, muitas vezes Marx apresenta sua filosofia da história de forma a subverter a Hegeliana.

Na visão marxista tradicional, as forças produtivas teriam uma tendência de longo prazo de gerar mais desenvolvimento com mais produtividade e bem-estar médio para a população. Os seres humanos teriam incentivos permanentes para gerar maior conforto, e isso leva à evolução persistente das forças produtivas. Esse desenvolvimento, contudo, teria sua velocidade alterada pelas relações sociais de produção e as superestruturas, sobretudo aquelas associadas aos processos produtivos. Essas últimas poderiam gerar empecilhos ao desenvolvimento das primeiras e atrasar o desenvolvimento das forças produtivas.

Os empecilhos surgiriam principalmente quando houvesse inadequação das relações sociais de produção ao nível de desenvolvimento das forças produtivas. Isso ocorre porque a forma específica que o desenvolvimento das forças produtivas assume é também influenciada pelas relações sociais de produção existentes e as superestruturas que elas geram. O conflito entre as principais classes sociais que se relacionam nessas relações sociais de produção gera uma tendência a reduzir a velocidade de desenvolvimento das forças produtivas, pois a classe dominada gerará demandas que bloqueiam regras que comprometam seu bem-estar. Por exemplo, no Brasil, o excesso de regras nas relações trabalhistas, contidas na legislação trabalhista, dificulta as inovações das empresas e, portanto, atrasa o desenvolvimento das forças produtivas no país.

A partir de tal problema, eventualmente surgem novas classes sociais, que se relacionam de forma diferente entre si, mesmo quando há conflitos entre elas, mas que ficam à margem das amarras impostas pelas superestruturas ao desenvolvimento das forças produtivas, sob as relações sociais de produção e superestruturas dominantes. A consequência é que essas novas relações e classes sociais crescem e ocasionalmente a mais forte delas toma conta do poder político e ideológico e muda as superestruturas, favorecendo sua dominação social por meio de proteção à classe dominante pelas regras e instituições sociais que se estabelecem. O desenvolvimento tecnológico é fundamental para criar essas oportunidades de novas relações sociais de produção. Daí o desenvolvimento das forças produtivas serem em última instância o combustível da história, sendo o conflito entre as classes sociais seu motor.

Essa forma de explicar as revoluções sociais e a transição entre modos de produção também foi estendida por Marx para explicar a dinâmica em sociedades capitalistas. De modo geral, as relações sociais de produção, que são relações econômicas, prevaleceriam sobre as superestruturas, pois elas determinam os conflitos entre as classes sociais no processo produtivo. Mas esses conflitos se estendem para as superestruturas e aos poucos as moldam na tentativa de solucionar conflitos de forma a evitar que eles se tornem disruptivos. Assim, a natureza e a forma dos conflitos entre as classes sociais levariam à determinação de superestruturas que, por sua vez, definiriam o ritmo de desenvolvimento das forças produtivas. Assim, instituições são determinadas pelos conflitos entre as classes sociais. Compreender a dinâmica desses últimos é a forma de compreender a evolução histórica de um povo e por conseguinte seu nível de desenvolvimento em relação a outros povos, na visão marxista.

Uma Nova Filosofia da História

O ser humano é essencialmente um animal com todos os instintos que criaram e preservaram a vida em milhões de anos. Isso envolve instintos de sobrevivência e de reprodução que são determinantes em muitas de nossas ações. Apesar das várias mudanças históricas nas concepções sociais e no comportamento, esses atributos animais intrínsecos sempre foram determinantes das ações individuais e coletivas dos seres humanos. Ao longo da história, sofreram poucas mudanças de substância, como bem reporta Harari (2014), pois o ser humano é uma espécie animal geneticamente estável.

Dessa forma, a filosofia da história apresentada aqui difere das anteriormente apresentadas porque trata o ser humano apenas como um animal, que é produto da evolução das espécies, como todas as outras, assim como revelou Charles Darwin em sua obra *A Origem das Espécies*.[7] A partir dessa hipótese inicial, o ser humano não é visto como intrinsecamente diferente dos demais animais. Marx

---

7   Ver Darwin (1859).

e Hegel, sobretudo este, tratavam o ser humano como algo à parte dos demais animais, capaz de viver em sociedades que convergiriam para situações em que a felicidade adviria da fraternidade e vários outros preceitos morais, que em geral são defendidos pelas religiões. O ponto de partida aqui é completamente distinto do utilizado por Marx e Hegel.

Apesar disso, reconhece-se que o *Homo sapiens* desenvolveu um nível sofisticado de racionalidade como produto de sua evolução como espécie animal. O significado dessa habilidade é a capacidade de definir uma estratégia plausível ou uma sequência de ações para atingir determinado resultado. Ou, de forma mais genérica, racionalidade é a capacidade de escolher um conjunto de sequências de ações, entre opções alternativas, para gerar um conjunto de resultados entre vários possíveis, com probabilidade um tanto superior aos resultados puramente aleatórios. Pressupõe a inferência de relações de causa e efeito na realidade objetiva e a aplicação da lógica para escolher o conjunto de ações mais apropriado para aumentar a probabilidade de obter os resultados mais desejados. É desnecessário dizer que nenhum desses conjuntos de ações e resultados é necessariamente definido por eventos acontecendo em um mesmo momento.

Além disso, é fundamental reconhecer que muitos, ou mesmo todos, os animais são capazes de realizar tais processos. No entanto, duas coisas são particularmente importantes nos seres humanos. A primeira é a complexidade potencial das sequências a serem definidas e seguidas, e a segunda é a capacidade de mobilizar números elevados de indivíduos de nossa espécie em uma mesma sequência. Formigas e abelhas fazem isso também, mas nossas sequências são mais complexas. Alguns mamíferos também mobilizam vários indivíduos em uma mesma sequência, mas geralmente em menores números e em sequências bem menos complexas. Obviamente, a capacidade de acumular grandes volumes de conhecimentos e transmiti-los para outros de forma sintética são dois determinantes fundamentais dessa capacidade de definir sequências complexas, sendo determinantes importantes da possibilidade de engajar vários de nós em uma mesma sequência, com um objetivo comum.[8]

---

8 Ver Harari (2014) para uma discussão aprofundada do papel da comunicação para essa mobilização.

No entanto, essas características e nível de complexidade das sequências não nos retira a característica de sermos animais, como vários outros. A diferença vem apenas da complexidade dos conjuntos de informações, relações de causa e efeito e possíveis ações que são consideradas em nossas decisões. Os seres humanos são capazes de extrair da realidade, a partir de experiências próprias ou de terceiros, transmitidas por comunicação, mais conhecimentos sobre relações de causa e efeito com a finalidade de construir conjuntos mais complexos de ações e resultados desejados. Inclui-se aí a complexidade intertemporal das relações entre ações e objetivos desejados. Animais que comumente são classificados como irracionais têm bem menos habilidades para construir esses conjuntos de relações de causa e efeito e usá-los para definir ações com objetivos estabelecidos. É importante mencionar que a capacidade de criar conjuntos complexos de relações de causa e efeito também ajuda a moldar os resultados desejados, que frequentemente são mais complexos do que em animais com menos razão. Além disso, ainda tornam mais complexos os conjuntos de estratégias e de combinações de ações para se obter um conjunto de resultados.

Outra herança animal importante incluída nos seres humanos é o seu instinto de sobrevivência, que nos faz sempre buscar sobreviver. Ou seja, essa busca está sempre entre as principais motivações das ações humanas quando a sobrevivência puder ser posta em risco. Esse instinto é intrinsecamente forte quando a sobrevivência em questão é a do próprio indivíduo. Contudo, pode ser estendido à sobrevivência de outros seres humanos com relação pessoal próxima. Vale lembrar que esse instinto também foi herdado de nossa evolução como animal e é semelhante ao de todos os demais animais. Por sua importância em todas as ações humanas, é um dos principais determinantes da evolução histórica e, portanto, um dos pilares de uma filosofia da história que capture a dinâmica social de longo prazo. Esse instinto ganha sofisticação quando o ser humano o utiliza dentro de sua racionalidade mais complexa, mas na essência o instinto é exatamente o mesmo que o dos demais animais.

A racionalidade do ser humano, adquirida ao longo de sua evolução como espécie, juntamente com o instinto de sobrevivência, faz da aversão ao risco uma característica humana intrínseca. Como os seres humanos sempre têm instinto de sobrevivência, a aversão ao risco sempre pressionará para a acumulação de riqueza e recursos, de modo que possam reduzir a probabilidade de sofrer escassez que venha a comprometer o padrão de vida. Isso gera um impulso permanente e de longo prazo para desenvolver as forças produtivas e promover a acumulação de riqueza. Assim, este impulso, supostamente exógeno nas formulações de Marx, torna-se aqui endogenamente determinado pela evolução das espécies, que nos deu instinto de sobrevivência e racionalidade para fazer planejamento intertemporal. Juntas, essas duas heranças da evolução de nossa espécie geram aversão ao risco e o foco permanente no desenvolvimento das forças produtivas.

A racionalidade humana gerou sofisticação na avaliação das relações de causa e efeito decorrentes de estratégias de ações alternativas. Como consequência, logo o ser humano começou a perceber que a cada momento, quando se defrontava com um problema ou aspiração, poderia seguir uma série de estratégias, que podem ser classificadas em dois grandes conjuntos. Um primeiro em que ele se envolve em sequência de ações em que coopera com um conjunto de seus semelhantes, conjunto esse que chamaremos de postura cooperativa. A segunda opção é se envolver em sequência de ações em que não adota postura cooperativa com o conjunto de seus semelhantes. Esse segundo conjunto será aqui chamado de postura não cooperativa. Obviamente, havendo referência a um conjunto de outros indivíduos, pode se ter uma mesma sequência de ações que seja cooperativa com um determinado subconjunto de indivíduos e não cooperativa com outro.

Além disso, é possível que em uma parte da sequência de ações um determinado indivíduo tenha postura cooperativa enquanto em outra ele não coopere. Seriam casos em que comumente se identifica o indivíduo como traidor. Para simplificar, serão consideradas as posturas cooperativa ou não cooperativa quando se referir aos indivíduos que dividem o espaço econômico ou segmento social com aquele indivíduo. As sequências, por sua vez, serão apenas aquelas em que o comportamento é único, seja ele cooperativo ou não cooperativo. Essa homogeneidade pode ser obtida se a alternância no comportamento levar à divisão de uma sequência mais longa em sequências menores, cujo comportamento nelas seja homogêneo. Essas últimas, com homogeneidade na postura cooperativa, são aqui reconhecidas como unitárias.

Dada a racionalidade humana desenvolvida, a experiência nos ensinou que enfrentamos duas alternativas: jogar um jogo cooperativo ou um não cooperativo com nossos semelhantes. A não cooperação muitas vezes gera maiores ganhos para os indivíduos no curto prazo, mas frequentemente é prejudicial ao bem-estar no longo prazo, quando comparado ao que emerge dos comportamentos cooperativos alternativos. Assim, a contradição entre incentivos para cooperar e não cooperar é um determinante essencial que molda a evolução histórica desde os primórdios de nossa espécie. Sempre há incentivos tanto para cooperar quanto para não cooperar. Cada indivíduo escolhe a cada momento o seu conjunto de ações ou estratégias efetivas a partir dos conjuntos com alternativas cooperativas e não cooperativas, sempre visando os resultados decorrentes de cada uma das estratégias. A combinação social dessas decisões individuais é determinante da dinâmica da história, incluindo aí a formação e a evolução das instituições e normas sociais.

A humanidade, em todas as sociedades e em todos os períodos históricos, sempre encontrou algumas ideologias para ajudar a convencer os indivíduos a cooperarem. Religiões, normas sociais, noções éticas e morais, ideias de identidades entre indivíduos de grupos específicos, como família ou tribos, e demandas de solidariedade são apenas algumas dessas ideologias que ajudaram a aumentar a vontade individual de cooperar. No entanto, apesar de toda a possível eficiência dessas ideologias nos diferentes momentos da história humana, a contradição fundamental mencionada anteriormente foi sempre latente e ajudou a moldar a sociedade.

Os comportamentos não cooperativos sempre aparecem em alguns indivíduos ou grupo em momentos específicos em qualquer sociedade. A frequência individual da falta de cooperação ao longo do tempo e a quantidade média de ações não cooperativas por parte dos indivíduos em um determinado período variam de uma sociedade para outra e entre momentos históricos particulares. Isso significa que o impacto dessas ideologias pró-cooperação não é o mesmo em diferentes momentos da história, nem entre os muitos ambientes sociais.

Há também outros instrumentos que as sociedades utilizam para promover a opção pela cooperação dos indivíduos. As retaliações e as leis que sujeitam os comportamentos humanos não cooperativos a punições são exemplos. Os ganhos obtidos com a postura cooperativa dos indivíduos são tais que muitas sociedades ou grupos de indivíduos diversas vezes criam instituições para fortalecer os incentivos individuais para cooperar, além do fomento para tal por meio de ideologias. No entanto, a eficiência desses dispositivos também varia entre as sociedades e os períodos para um mesmo grupo social. Quanto maior o grupo social governado pelas mesmas instituições, maior tende a ser a complexidade das leis necessárias a incentivar a postura cooperativa. Esta relação simples e óbvia é uma das principais causas da aparente convergência a longo prazo para uma estrutura racional do quadro institucional, que deu a noção de aumento cronológico da racionalidade e a convergência para um mundo racional, como defendeu Hegel.

A partir dessa visão da evolução da história, esta é vista como não levando a humanidade a um mundo em que a racionalidade acabará por prevalecer, como na visão de Hegel. Também não a conduzirá a um mundo em que as instituições assegurarão a plena harmonia social, após o fim dos conflitos de classe, sob o domínio do comunismo ao suceder o capitalismo, como previsto por Marx. A contradição essencial do comportamento cooperativo/não cooperativo, mencionada antes, sempre motivará mudanças institucionais que tentam aumentar os incentivos para cooperar. Entretanto, os ajustes às instituições existentes e as falhas para evitar a falta de cooperação sempre aparecerão e moverão a sociedade. Não necessariamente para uma racionalidade crescente.

A racionalidade humana e a aversão ao risco, esses dois desfechos da evolução das espécies, também geram a percepção de que os resultados da cooperação promovem o bem-estar geral em maior grau do que seria alcançado por meio de posturas não cooperativas. Porém, os resultados da não cooperação podem ser superiores na promoção do bem-estar de indivíduos específicos, se os demais mantiverem postura cooperativa. À medida que esses benefícios individuais são alcançados em detrimento do bem-estar da maioria, a racionalidade empurra a sociedade para criar instrumentos para restringir a não cooperação de indivíduos. Isso, por si, já justifica a crescente complexidade das instituições e a aparente evolução racional delas a longo prazo, como argumentou Hegel.

No entanto, não é necessariamente verdade que tal evolução seja em uma direção particular, rumo à promoção da democracia e do respeito aos direitos básicos individuais, por exemplo. Assim, o surgimento do nazismo não é um exemplo contrário a essa hipótese, como muitas vezes é apresentado para desafiar a concepção de Hegel. O nazismo mobilizou a sociedade alemã em torno de um objetivo específico e com isso facilitou a cooperação entre eles, mesmo que não tenha havido uma evolução com maior racionalidade. Apesar disso, percebeu-se que os ganhos foram apenas de curto e médio prazos. Por isso, ao fim da guerra, a organização institucional na Alemanha foi revertida para uma democracia.

A ascensão de Donald Trump à presidência dos EUA também faz parte de uma evolução irracional, mas que gerou benefícios para uma grande parte do povo norte-americano, elevando o emprego e a renda média no país. Entretanto, ao criar barreiras comerciais, ele está comprometendo a racionalidade das instituições com decisões arbitrárias. Sabe-se que tal procedimento deverá inibir o desenvolvimento de longo prazo nos EUA, mas a população não percebe essa realidade e dá suporte a essa estratégia de não cooperação com estrangeiros, vendo-a como uma evolução da cooperação entre norte-americanos.

A promoção da eficiência produtiva por meio de escala e especialização também leva a sociedade a um crescente aumento da integração espacial através do comércio. Inicialmente, os seres humanos começaram a trocar bens e serviços nas proximidades dos locais onde viviam. Com o passar do tempo, esse universo espacial de trocas se expandiu e as trocas se intensificaram. Assim, para que fossem feitas em maiores níveis de segurança, foi necessário aumentar o universo espacial sob regras e leis comuns. A consequência foi que mais pessoas passaram a aceitar se subordinar a essas regras comuns para poderem se beneficiar dos ganhos potenciais da especialização e escala produtiva. Esse aumento de pessoas sujeitas às mesmas regras também fomentou a diversidade de situações que demandavam regulamentação para permitir a integração comercial. Isso levou à crescente complexidade institucional identificada por Hegel. Ou seja, ela é consequência do desenvolvimento das forças produtivas, engendrado pela aversão ao risco e instinto de sobrevivência, junto com a potencialidade de ganhos de escala na produção e no comércio.

Assim, a sociedade evolui sob uma tendência de longo prazo para aumentar o desenvolvimento das forças produtivas e a complexidade das instituições, conforme identificado por Marx e Hegel, respectivamente. No entanto, essas tendências de longo prazo, em vez de serem determinadas de maneira exógena ou definidas como uma regra por Deus, são resultados dos dois maiores motores da evolução histórica, que são as contradições entre incentivos para cooperar e não cooperar e o instinto de sobrevivência, juntamente com a racionalidade, todos decorrentes da evolução do *Homo sapiens* como espécie animal. É a partir desses pilares básicos de evolução histórica que podemos entender a história da humanidade e de qualquer povo.

DETERMINANTES DA EVOLUÇÃO HISTÓRICA: CRÍTICAS A HEGEL E MARX

Essa filosofia da história apresentada na seção anterior argumenta que a evolução da humanidade não possui um fim em si, que seria convergir para uma perfeição institucional absoluta, como defendido por Hegel, ou para uma sociedade em que não há mais classes sociais e a generosidade e a fraternidade venham a prevalecer, como defendido por Marx. Nesse último caso, tomando emprestado o modelo de céu aspirado pelos cristãos e introduzindo-o aqui na Terra como produto da evolução histórica. Além disso, a dinâmica da história não é motivada pela contradição entre a perfeição ideal absoluta e a realidade momentânea, como argumentado por Hegel, ou a contradição entre as classes sociais do modo de produção dominante, como defendido por Marx.

O instinto de sobrevivência animal, a racionalidade aguçada pela evolução da espécie e a aversão ao risco servem de lastro para as decisões, presentes a cada momento nas vidas individuais, entre cooperar ou não com os seus semelhantes. Obviamente, essa decisão inclui também a escolha de com quem cooperar ou não a cada momento e em cada situação. A contradição permanente entre essas duas opções, em grandes agregados sociais, seria o motor da história nessa nova filosofia da história.

Em um ambiente com informações incompletas, os seres humanos estão sempre decidindo qual o melhor caminho, cooperar ou não cooperar com seus semelhantes ou, mais precisamente, com os diversos grupos de outros humanos. Se houver informação perfeita, os indivíduos cooperarão entre si na maioria das circunstâncias, até mesmo para estabelecer regras de solução de conflitos em circunstâncias nas quais os resultados possíveis envolvam rivalidade na apropriação dos benefícios. Ou seja, mais para um indivíduo ou conjunto representa menos para outro conjunto de indivíduos. Se alguém resolver não cooperar ou trapacear, sob informação perfeita, os demais saberão e se defenderão, gerando um resultado pior para todos quando há repetição dos jogos com conflito.[9] O conhecimento pelo potencial trapaceador da reação dos demais o levará a cooperar, pois também saberá que sairá com um resultado pior caso não venha a cooperar. Ou seja, sob informação perfeita, há tendência a um equilíbrio em que todos cooperam, embora isso não seja necessariamente verdadeiro.

Há grandes grupos sociais cuja postura cooperativa ou não cooperativa, interna a eles ou entre eles, em suas interações se torna relevante para a história. A importância relativa dos diversos grupos varia ao longo do tempo. Cooperação entre tribos ou clãs foram relevantes em alguns momentos como principal motor da história. Mais recentemente, em economias capitalistas, o conceito genérico de classes sociais tornou-se importante.[10] Nos conceitos tradicionais de Marx e Darendorf elas são muito relevantes. Por isso, agrupamentos menores e a interação entre eles se tornam mais importantes como motor da história em vários momentos.

A possibilidade e frequente agregação cooperativa por classes sociais e não cooperação entre classes sociais distintas levou Marx a perceber a existência de conflitos de classes. Entretanto, sob o predomínio do capitalismo, muitas vezes a cooperação se dá entre camponeses e trabalhadores urbanos, que seriam parte de modos de produção distintos, ou mesmo entre empresários e trabalhadores de um determinado setor contra competidores internacionais ou de outras regiões, o que estaria fora da lógica de Marx. Não é incomum a história de um país em determinado momento se mover por conflitos entre segmentos empresariais distintos, como exportadores e produtores para o mercado interno, ou até comerciantes e industriais.[11] Daí a necessidade do conceito de hegemonia,

---

9 Essa solução é ainda mais provável diante da comprovada propensão à punição altruística que é identificada por vários estudos empíricos na Teoria dos Jogos. Ver, por exemplo, Fehr e Fischbacher (2003) e Dal Bó e Fréchette (2018).

10 Ver Darendorf (1959) para uma discussão mais ampla desse conceito.

11 A Teoria da Dependência, como apresentada por Cardoso e Faletto (1970), baseia-se em tais cooperações inter-classes com cortes diferentes daquelas vistas como opostas no capitalismo por Marx.

introduzido na literatura marxista por Gramsci (1978),[12] para contemplar esses casos de cooperação e conflitos com grupos diferentes em relação às classes sociais mais amplas.

Noções Básicas de Jogos Não Cooperativos e seu Possível Papel na Dinâmica Histórica

Pode se iniciar a compreensão da propensão a cooperar ou não cooperar a partir de um dilema do prisioneiro. Suponha dois indivíduos que se deparam com uma situação na qual podem cooperar ou não com o outro, mas um não sabe de antemão qual será a estratégia seguida pelo outro. Se um deles cooperar, terá resultado que vai depender da ação do outro. Se ambos cooperarem, terão resultado igual a B (bons). Se apenas um deles cooperar enquanto o outro não coopera, seu resultado será R (resiliente), enquanto o outro terá resultado G (Gerson). Se ambos não cooperarem, o resultado final para os dois será F ("não se deram bem"). Para simplificar, supôs-se que os resultados obtidos por ambos indivíduos são iguais quando na mesma situação, o que não necessariamente é verdadeiro.

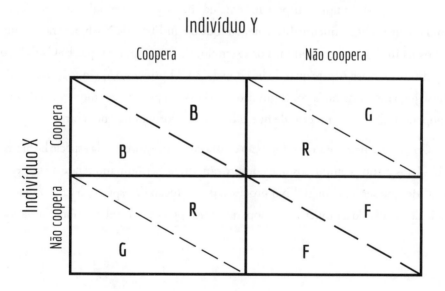

---

12 Publicado inicialmente em italiano em 1955 sob o título Il Marerialismo Storico e la Filosofia de Benedetto Croce.

Para que esse seja um típico dilema do prisioneiro, é necessário que G>B>F>R. Ou seja, a situação em que o indivíduo se dá melhor é quando ele não coopera e o outro coopera. Entretanto, se ambos cooperarem entre si terão resultados melhores do que se ambos não cooperarem. O pior resultado é obtido quando um indivíduo coopera e o outro não. Quando o jogo é jogado apenas uma vez, se um indivíduo não sabe como o outro agirá, a melhor estratégia é não cooperar e ambos terminam em equilíbrio (F, F). Esse é o equilíbrio de Nash, nesse jogo sem repetição.

Mesmo que o jogo seja repetido várias vezes, porém em uma quantidade que é conhecida de antemão por ambos, ainda assim a estratégia ótima é não cooperar. No entanto, se o jogo for repetido por um número de vezes desconhecido dos jogadores, mesmo sendo ele finito, mas suficientemente elevado, é possível encontrar estratégias que sejam melhores do que a de não cooperar. Estratégias em que se considere a possibilidade de retaliação e construção de reputação, quando entre duas rodadas com um mesmo indivíduo haja a oportunidade de ter outros jogos com terceiros, podem envolver vários momentos de cooperação.[13]

Vale ressaltar que as ideias desenvolvidas sobre a probabilidade de cooperar em jogos repetidos também podem, em sua maior parte, ser aplicadas em jogos com estrutura ligeiramente diferente, em que o equilíbrio de Nash ocorra quando todos os indivíduos cooperam. Por exemplo, caso se suponha que B>G=F>R, o equilíbrio de Nash ocorre quando há cooperação.[14] Entretanto, quando há repetição desse jogo com essa nova configuração, ainda assim pode haver momentos de não cooperação, se houver receio de que o outro jogador não irá cooperar.

Contudo, a propensão à cooperação é vista como um atributo da espécie humana. Há vários estudos empíricos que comprovam que o ser humano tende a cooperar mais do que seria racional.[15] No processo de evolução da espécie, o *Homo sapiens* teria desenvolvido a propensão a cooperar no seu processo de sobrevivência, criando

---

13 Ver e Dal Bó e Fréchette (2018).

14 Ver Acemoglu e Jackson (2015) para análise de situação em um jogo com essa característica.

15 Ver, por exemplo, Bowles e Gintis (2011).

o instinto inato de altruísmo.[16] Inclusive, sua organização em sociedade ganhou forma tal que os indivíduos se sujeitam a se sacrificar (ou perder) para penalizar aqueles que não cooperam. Ou seja, se dispõem a recorrer à chamada punição altruística para forçar comportamentos cooperativos em outros.[17]

Há, entretanto, alguns determinantes básicos da propensão de um indivíduo a cooperar com seus semelhantes em situações específicas em que ele se depara com essa possibilidade. Podem ser assim listados:

i. **Aversão ao risco.** Se os indivíduos são avessos ao risco, preferem cooperar e obter soluções intermediárias entre opções conflitantes, desde que garantam um benefício mínimo. Esse determinante se traduz também como disposição individual à cooperação a partir do conhecimento que o indivíduo dispõe dos demais potenciais participantes no universo de cooperação. Quanto maior for esse conhecimento, maior a propensão a cooperar de um indivíduo, dada a probabilidade de cooperação dos demais. Essa relação é óbvia quando se considera que os indivíduos são avessos ao risco. Como decorrência, quando eles têm menos conhecimento sobre a possibilidade de os demais manterem a postura cooperativa, serão menos cooperativos para não se prejudicarem.

ii. **Altruísmo.** Os indivíduos podem extrair externalidade positiva para seu bem-estar a partir do bem-estar dos outros. Nesse caso, a cooperação, mesmo que transfira recursos para outros, ainda assim é preferida pelos indivíduos. Essa é uma motivação particularmente importante para o pensamento de esquerda e sua importância talvez seja uma das maiores diferenças entre as concepções de esquerda e liberal. Vale destacar que o altruísmo não é uma categoria estanque, que o indivíduo tem ou não tem. É possível se ter vários níveis de altruísmo. Um mesmo indivíduo normalmente revela níveis distintos de altruísmo em ações que atinjam indivíduos diferentes. Conhecimento dos demais e alguma forma de identidade em geral são determinantes im-

---

16 Para a defesa da cooperação como um instinto humano a partir da sua evolução como espécie, ver Roughgarden (2009), Boehm (2010) e Krebs (2011), por exemplo.

17 Ver, por exemplo, Fehr e Fischbacher (2003).

portantes desses níveis de altruísmo. Quanto mais envolvidos pelas mesmas ficções que gerem identidades entre eles, maior o nível de altruísmo de um indivíduo para com outros.[18]

iii. Mutualismo. Uma outra fonte de cooperação é a sinergia obtida a partir da cooperação, que leva a um ganho extra para os participantes de um processo de cooperação. Nesse caso, gera resultados que são maiores para alguns indivíduos, sem ser pior para nenhum deles. Porém, o fato de não ser beneficiário pode levar à não cooperação de alguns agentes. Vale salientar que essa talvez seja a mais importante motivação para cooperação no pensamento liberal. A existência de desafios comuns, sejam eles relacionados a riscos ou a potenciais benefícios comuns é a base do mutualismo. Quanto maior o número de desafios comuns e maior a importância deles para o bem-estar individual, maior será a propensão a cooperar; obviamente, dada a probabilidade de cooperação dos demais indivíduos. Por isso, os indivíduos tendem a se associar mais por classes sociais, segmentos sociais com interesses comuns, local de residência etc. Essas semelhanças geram maior probabilidade de possuírem desafios comuns. Às vezes, essa propensão é também atribuída à expectativa de reciprocidade futura com alta probabilidade de aparecer oportunidades para tal. Esses indivíduos com os quais há mais convivência tendem a ser participantes em jogos futuros com o indivíduo e ele espera a cooperação deles em troca de cooperação hoje.

iv. Receio de retaliação. Muitas vezes os indivíduos cooperam não porque veem benefícios pessoais nesse comportamento (mutualismo e aversão ao risco) ou porque se importem com os outros (altruísmo), mas porque se sentem coagidos pela possibilidade de retaliação de outros membros do grupo. A existência de normas e instituições que explicitem a penalização à não cooperação também é um determinante importante de cooperação em vários jogos da vida real. A perspectiva de penalização por outros já é em si um componente importante, mas a existência de instrumentos institucionais para tal é um determinante ainda mais importante em sociedades modernas. Nas suas ficções, o ser humano desenvolveu um instrumento poderoso de

---

18 Harari (2014) enfatiza essa relação entre ficção e probabilidade à cooperação.

retaliação aos não cooperadores, que foi a religião. A perspectiva de retaliação divina é um determinante importante da propensão à cooperação em todas as sociedades. Por isso as religiões sempre surgem em todas as sociedades.

v. Confiança. Quanto maior a confiança, maior a propensão dos indivíduos a cooperarem. Entretanto, vale ressaltar que a confiança por si só não motiva a cooperação se não houver uma das quatro motivações apresentadas acima. Porém, quanto maior a confiança que o indivíduo tem no outro, maior a probabilidade de cooperação. Em realidades com informação imperfeita, a confiança cresce com o aumento do conhecimento, mas também com a reputação que o indivíduo constrói ao longo de sua história.[19] Além disso, é importante destacar o papel da cumplicidade desenvolvida ao longo de várias interações sociais e a história de cooperação prévia na construção da confiança.

Para a não cooperação, por sua vez, há também algumas motivações importantes, que podem ser assim listadas:

i. Retaliação altruística. A não cooperação de alguns em oportunidades anteriores também é uma razão para a não cooperação posterior a que outros recorrem em retaliação ao comportamento anterior dos retaliados. Experimentos recentes mostram que essa é uma motivação relevante para a não cooperação.

ii. Oportunismo. É quando alguém acha que, se os demais cooperarem, ele já se beneficiará dos ganhos sem que precise ter o esforço da cooperação. Nesse caso, não coopera para não arcar com os ônus, mas na expectativa de beneficiar-se dos bônus.

---

19 Ver Acemoglu e Jackson (2015) para desenvolvimentos que estão dentro dessa linha de argumento. Para o papel da reputação na probabilidade de cooperação, ver Mailath e Samuelson (2006).

iii. Falta de confiança nos demais. Outra razão para não cooperar é a simples falta de confiança nos demais potenciais parceiros na cooperação. Se um indivíduo acha que os outros podem não cooperar, ele pode decidir fazer o mesmo. Obviamente, esse é um motivo para a não cooperação apenas quando há algum outro motivo para a cooperação. Caso contrário, é irrelevante.

A associação de classe, particularmente, é uma consequência natural desses determinantes da cooperação discutidos acima, pois indivíduos com o mesmo papel no processo produtivo têm maior propensão a cooperar entre si por terem alguns de seus objetivos comuns, sobretudo quando há um opositor comum forte e com interesses contraditórios em relação aos deles. Assim, é mais fácil obter a cooperação entre trabalhadores de uma mesma empresa, que possuem maiores problemas comuns e interesses mais homogêneos, do que entre trabalhadores de empresas diferentes.[20] Da mesma forma, se o setor de atividade é comum, é mais fácil obter motivos para cooperar do que se eles forem diferentes, pois os interesses imediatos e o conhecimento dos problemas também se aproximam mais em um mesmo setor. Assim como é mais fácil trabalhadores de uma mesma cidade cooperarem do que aqueles residentes em cidades distintas, uma vez que a proximidade geográfica, e muitas vezes a sujeição à mesma estrutura institucional, também aumenta a quantidade de desafios comuns.

Essa lógica de cooperação entre indivíduos com relação mais próxima no processo produtivo foi o que levou Marx a identificar as classes e seus conflitos como unidades homogêneas na definição das contradições que moviam a história. O conflito entre classes, que tendiam a ter maior cooperação dentro delas, levaria à definição das regras institucionais. Eventualmente, essas regras, tentando acomodar interesses conflituosos entre as classes sociais, levariam à inviabilidade desse modo de produção e à ascensão de outro, que teria relação diferente entre as classes sociais existentes nele e por isso não seria podado pelas regras institucionais desenvolvidas para acomodar os conflitos de outro modo de produção.

---

20 Ver, por exemplo, Gneezy, Leibbrandt e List (2014).

A informação imperfeita e a dificuldade de conhecimento profundo de qualquer realidade faz com que os indivíduos se utilizem muito de *proxies* para obter conclusões e definir proposições que guiam seus comportamentos.[21] Segundo a epistemologia, o ser humano possui alguns mecanismos de geração de conhecimento. São eles a experiência empírica, a dedução racional e a assimilação de proposições transmitidas por outros. Esses mecanismos não são excludentes e em geral são combinados entre si para gerar novas proposições ou conhecimento. A cada uma delas, atribui-se um nível de probabilidade de que sejam verdadeiras. Nesse processo, considera-se não só a credibilidade de cada uma de suas fontes, mas o que aquela nova proposição representa para seus interesses pessoais e concepções anteriores.

Por isso, em ambientes em que os indivíduos têm maior propensão a cooperar com outros com os quais têm interesses em comum, a confiança aumenta quando há fluxo de informação e parte do que é considerado verdadeiro se agrega na formação de ideias coletivas homogêneas nesses grupos. A utilização de *proxies* no processo de conhecimento fortalece a união dentro dos grupos, mesmo que algumas vezes fundamentada em ideias errôneas, mas que se espalham por grupos homogêneos.

O caso da identidade de raça em sociedades modernas é um caso típico. Cria-se discriminação (postura não cooperativa) contra grupos específicos por atributos que não definem seu comportamento, mesmo que haja alguma similaridade entre indivíduos de uma mesma raça por causa de origens culturais comuns. Particularmente no Brasil, a postura cooperativa ou não cooperativa decorrente de identificação de etnia foi frequente em vários momentos de nossa história, assim como o foi nos EUA e em vários países europeus. Ou seja, gera-se uma postura racista que desestimula a cooperação apenas por identificação de raça, mesmo que a não cooperação não faça parte do comportamento daquele indivíduo particular, alvo de avaliação. A retaliação e a retaliação da retaliação consequente criam a discriminação racial em algumas sociedades.

---

21 Ver Tirole (1996) para modelo que defende esse tipo de utilização de proxies, quando há informação imperfeita. Essa lógica é também a base de análise de Arrow sobre o racismo (1998).

As Motivações Humanas e seu Papel para a Evolução Histórica

Ao longo do século XX, alguns pesquisadores de áreas da psicologia se debruçaram sobre os determinantes das motivações humanas. Esses desenvolvimentos tiveram como base a natureza do ser humano cientificamente identificada, assim como ela evoluiu como uma espécie animal, já bastante destituída dos preconceitos religiosos que insistiam em considerá-la como algo diferente, em geral fundada na ideia de que os seres humanos são a imagem e semelhança de Deus. Esses pesquisadores se dedicaram a estudar as motivações para as diversas ações humanas, indo além do fundamento básico do utilitarismo, que via os humanos sempre em busca de maximizar o prazer e o bem-estar, ao mesmo tempo em que minimizam a dor e o sofrimento.

Um estudo que obteve destaque entre esses desenvolvimentos teóricos foram os de Maslow (1943; 1970), que identificou uma escala de necessidades dos seres humanos, a qual buscam satisfazer de forma prioritária em seus comportamentos. Essas necessidades são: (i) fisiológicas; (ii) segurança; (iii) afeição; (iv) autoestima e (v) autorrealização. Maslow argumenta que, caso os seres humanos não tenham uma dessas necessidades satisfeitas, as fisiológicas, por exemplo, o foco de suas ações será principalmente nela, com menos ênfase ou até desprezando as demais que estão acima na escala. Por isso, em geral essas necessidades são apresentadas como a pirâmide de Maslow.

São várias as necessidades fisiológicas, como: alimento, água e sexo, entre outras.[22] A segurança, por sua vez, foi melhor tratada nesse capítulo, na discussão sobre aversão ao risco. Os seres humanos buscam evitar riscos de vida, de privação de recursos básicos à vida e de perda de bem-estar em geral, portanto, buscam estocar riqueza. A afeição é uma necessidade de amar e ser amado, de fazer parte de um meio social que o considere como integrante e possua afeto por ele. A autoestima é uma necessidade de ser reconhecido no meio social, valorizado, não apenas de pertencer, como no caso da afeição. Por essa necessidade, o indivíduo busca status

---

22 Sexo, particularmente, poderia ser transversal a algumas necessidades, podendo ser incluído de modo concomitante também em afeição e autoestima.

social e respeitabilidade. Por fim, pela busca da autorrealização, procura desenvolver suas potencialidades criativas e, a partir delas, contribuir com o meio social.

Obviamente, ao longo da vida, todo ser humano tem momentos em que a satisfação de cada uma dessas necessidades distintas possui níveis diferentes. Hoje, pode ter a satisfação representada por um vetor composto como (75%, 60%, 45%, 30%, 5%), mas amanhã pode já ter os níveis de satisfação definidos por outro vetor, tal como (85%, 50%, 35%, 30%, 10%). Na concepção de Maslow, como os indivíduos buscam em suas ações satisfazer da primeira para a última das necessidades, sempre é mais normal encontrar valores decrescentes nesse vetor. Isso não implica, contudo, que em momentos específicos não possa haver reversão provisória dessa ordem decrescente, mas logo as ações dos indivíduos tenderão a reorganizar suas vidas para atingir um equilíbrio onde há ordenação decrescente como expressa nos vetores acima.

As satisfações das diversas necessidades podem variar ao longo do tempo. Algumas delas de forma mais rápida, enquanto outras possuem maior estabilidade. As necessidades fisiológicas básicas, por exemplo, podem variar em uma semana ou mesmo em um período menor, enquanto as de autorrealização tendem a variar apenas em prazos longos, como meses ou anos. As satisfações dessas necessidades costumam ter ciclos, sejam diários, semanais ou com outra periodicidade. As motivações podem gerar diferenças comportamentais quando há variações de níveis de satisfação nos seus ciclos habituais.

Kenrick, Griskevicius, Neuberg e Schaller (2010) estenderam essa lista hierárquica de motivações humanas para incluir três novas, em substituição à autorrealização. São elas: a aquisição de parceiros sexuais, sua retenção e, por fim, a paternidade/maternidade. Além disso, redefiniram um pouco a afeição e a autoestima, também a partir de estudos nas áreas de biologia evolucionária, antropologia e psicologia. A exclusão da autorrealização se deu por causa da percepção de que ela não é uma característica inata na biologia do ser humano, que poderia surgir do processo evolucionário que formou esse ser. Na visão deles, ela é na verdade aprendida ao longo da vida e encontra outras motivações como base, assim como a autoestima e a aquisição de parceiros sexuais.

Uma primeira contribuição importante desses desenvolvimentos científicos para a discussão desse capítulo é que eles reconhecem que existe uma natureza humana intrínseca, independentemente de momentos históricos específicos. Tanto os caçadores e coletores, na origem da existência do *Homo sapiens*, como os homens modernos das sociedades capitalistas atuais possuem esse mesmo sistema de motivação para suas ações e comportamentos. Esse sistema de motivação faz parte de um componente animal de todos os seres humanos, definido na sua evolução como espécie. Além disso, esses estudos revelam que existem necessidades individuais, antes de elas se tornarem um fenômeno social que possa justificar interações sociais. Ou seja, na formação biológica dos indivíduos há uma prevalência do individual sobre o coletivo. Por isso, partiu-se aqui da análise individual, iniciando-se com a escolha entre cooperação e não cooperação com os demais para a definição da ordem social. Esta última, construída com base nas teias de cooperação montadas a partir dos interesses individuais.

Enquanto Marx, eliminando a ideia de convergência para um estado divino, precisou incluir o desenvolvimento autônomo das forças produtivas para moldar as relações sociais e com isso definir a evolução da história, a ideia aqui é que as relações sociais foram formadas a partir das necessidades humanas. E então passaram a evoluir pelas condições de cooperação e não cooperação a cada momento. O desenvolvimento das forças produtivas passa a ser definido por circunstâncias sociais específicas, podendo trilhar vários caminhos. Deixa de ser autônomo e com a capacidade de moldar a evolução social. Ou seja, introduz-se um componente maior de incerteza quanto ao caminho a ser trilhado pelas relações sociais e instituições, ou a história de uma forma geral.

Uma segunda contribuição importante advém da identificação dos desenvolvimentos científicos da psicologia da motivação humana para cooperar em alguns momentos da vida. Seguindo a concepção de Maslow, quando o indivíduo estiver dominado nas suas ações pelas três últimas motivações em sua escala — afeição, autoestima e autorrealização —, ele terá maior propensão a cooperar com os demais. Pois nesses níveis de motivação a relação com os demais e a noção de pertencimento normalmente induzem maior cooperação. Pode-se dizer que a maior propensão a essa última é uma das bases fundamentais para a satisfação dessas necessidades humanas.

As mudanças introduzidas por estudos posteriores a Maslow, como as sugeridas por Kenrick, Griskevicius, Neuberg e Schaller (2010), não eliminaram a ideia de que há motivações que são fundamentadas na interação social. E, para que sejam desenvolvidas, a postura cooperativa é importante. De outra forma, seriam tênues, como ocorre com relações derivadas, por exemplo, de submissões apenas pelo medo. Ou seja, a psicologia moderna reconhece a existência de uma propensão cooperativa entre os agentes.

Apesar da introdução de sofisticação nas motivações humanas apresentada pela psicologia moderna, as pessoas continuam buscando bem-estar, incluindo-se aí a redução dos riscos a que estão submetidas. Dessa forma, a metodologia da economia moderna que vê os agentes como racionais em suas decisões que visam maximizar a utilidade continua sendo uma boa aproximação. Por isso, será utilizada nos capítulos a seguir, mas sempre considerando essa contradição essencial entre os incentivos a cooperar e não cooperar com os demais.

HOMO NÃO COOPERATIVO VERSUS HOMO COOPERATIVO

Há hoje uma discussão na filosofia sobre a natureza humana que envolve sua propensão intrínseca à cooperação ou à não cooperação. Há reflexões, como as apresentadas por Dawkins (1976), Lorenz (1963) e Olson (1965), que argumentam ou partem do pressuposto de que a propensão a cooperar é nula ou pouco relevante. Os serem humanos seriam essencialmente egoístas e, por isso, fundando suas ações nessa postura, tendem a não cooperar com os demais, à exceção de quando há mutualismo ou ganhos de todos participantes da cooperação.

No entanto, outros autores, como Waal (2009), Field (2004), Boehm (2011) e Bowles e Gintis (2011), defendem uma posição oposta. Ou seja, concluem que os seres humanos não são egoístas e que na verdade têm um altruísmo intrínseco. Por consequência, têm forte propensão a cooperar, que é parte de sua natureza animal resultante de seu processo de evolução como espécie. Em outras palavras, os seres humanos teriam propensão a cooperar não só por mutualismo ou aversão ao risco, mas porque são altruístas.

Quando os determinantes da cooperação foram apresentados, três motivações foram apontadas, que são mutualismo, aversão ao risco e altruísmo, além de três razões para variar a propensão a cooperar, que são a confiança, o receio de retaliação (incluindo-se a retaliação altruística) e o oportunismo (*free rider*). Dois desses determinantes estão associados à existência de informação imperfeita, que são a aversão ao risco e a confiança. Em cada momento, as expectativas formadas quanto a resultados futuros podem variar, levando em consideração não só fatores objetivos que mudam, mas também fatores subjetivos, sejam eles influenciados pelas experiências passadas ou presentes, ou pela troca de informações entre seres humanos.

Tanto os fatores objetivos como os subjetivos variam muito em momentos diferentes da história. Por isso, a propensão a cooperar também varia bastante. Em momentos específicos, as pessoas estão fortemente propensas a cooperar, enquanto em outros elas estão bem menos propensas. Ou seja, não há comportamento estanque na propensão a cooperar e essas oscilações mudam o curso da história. Não há estabilidade na propensão a cooperar ou não cooperar, muito menos situações estanques nessas propensões.

Aqui defende-se que o ser humano não é intrinsecamente inclinado a nenhum dos dois extremos dessa discussão e muito menos tem na sua natureza uma propensão estável a qualquer nível de cooperação, dados os níveis dos diversos determinantes já mencionados. Ou seja, circunstâncias específicas afetam essa propensão a cooperar, que por sua vez determina a evolução histórica. Particularidades da história de um povo fazem com que essa propensão varie no tempo e entre dois povos no mesmo momento.

Diferenças de Visão da Natureza Humana nas Filosofias de Esquerda e das Mais Liberais

Antes de concluir esse capítulo, vale salientar que existe uma diferença importante na visão da natureza humana quanto à cooperação entre as filosofias liberais e as filosofias de esquerda. Essas distinções moldam muitas das diferenças que serão apresentadas ao longo dos próximos capítulos. Por isso, valem ser enfatizadas aqui.

As três motivações para a cooperação podem ser ordenadas para se entender essa diferença. A mais importante e universalmente reconhecida como muito relevante para gerar a cooperação é o mutualismo. Todas as ideologias mencionadas reconhecem que esse determinante é fundamental para induzir a cooperação entre indivíduos e que ele quase sempre gera cooperação. A variação na confiança, no risco de retaliação e no oportunismo podem reduzir o nível de cooperação nesse caso, mas, quando os ganhos para todos são elevados, tende a haver cooperação. Tanto liberais como esquerdistas aceitam que os seres humanos tendem a cooperar diante de situações em que existe benefício para todas as partes. Entretanto, o grau de engajamento dos indivíduos difere segundo essas visões. Olson (1965) e Hardin (1968) enfatizam essa falta de engajamento e baixa cooperação que pode emergir mesmo diante desses casos, gerando o que Hardin chamou de "a tragédia dos comuns".

A segunda motivação nessa escala é a aversão ao risco. Liberais ingênuos sequer reconhecem sua relevância, mais do que tudo por ignorarem sua inclusão entre as motivações humanas em geral, não só quanto à propensão à cooperação. Seu reconhecimento, contudo, está por trás da ideia de decisões de naturezas cooperativas que subsidiam a construção teórica do véu da ignorância de John Rawls (1971). O desconhecimento do futuro leva à cooperação hoje para se assegurar um resultado menos drástico quando esse novo tempo vier, caso o indivíduo não esteja em posição de privilégio.

A terceira motivação, quando há ordenação, é o altruísmo, que apregoa que os seres humanos querem ver os outros bem e estão preparados inclusive a fazer algum sacrifício para isso. A relevância dessa motivação para a cooperação é alta para as ideologias de esquerda e muito baixa ou nula para as visões liberais. Ou seja, quanto mais radical a ideologia liberal for, menos ela reconhece a importância dessa motivação. Da mesma forma, quanto mais de esquerda a ideologia for, maior a relevância dessa motivação para a cooperação em suas visões.

Vale observar, porém, que apenas posições liberais radicais não reconhecem a existência do altruísmo como motivação relevante para a cooperação. Mas mesmo essas ideologias defendem que há situações em que a cooperação prevalece, que é quando há mutualismo ou benefícios comuns para todas as partes envolvidas, mesmo que algumas dessas ideologias assumam que a cooperação é baixa. Geralmente, essa visão está por trás dos modelos econômicos de determinação de equilíbrio na oferta de bens públicos em uma sociedade.

Liberais menos radicais, por sua vez, reconhecem o papel não só do mutualismo, mas da aversão ao risco, como determinantes fundamentais da cooperação. Ou seja, mesmo que não deem grande valor ao papel do altruísmo, ainda assim percebem que há motivos fortes para a cooperação em várias circunstâncias oriundas do mutualismo e da aversão ao risco.

Diante desses comentários, percebe-se que as ideologias sociais podem ser divididas em três subconjuntos. O liberalismo radical, o liberalismo maduro e o esquerdismo. Apenas essa terceira ideologia reconhece papel de destaque para o altruísmo na propensão a cooperar. Por conseguinte, a propensão a cooperar dos seres humanos é maior segundo essa ideologia. O processo de decisão social coletiva deve levar esse fato em consideração, de acordo com as ideologias de esquerda.

Conclusões e o Papel da Filosofia da História para a Reconstrução do Pensamento de Esquerda Moderno

Desde a formulação das principais filosofias da história apresentadas nesse capítulo, as de Marx e Hegel, houve muitos desenvolvimentos científicos que impactaram diretamente na formulação de qualquer interpretação do processo de evolução histórica. Esses desenvolvimentos demandam uma nova filosofia da história para fundamentar o pensamento moderno de esquerda. As considerações ao longo desse capítulo tentam apresentar uma versão mais adequada aos tempos atuais.

A racionalização progressiva das instituições, como defendida por Hegel, é um fenômeno aparente por causa do ganho de complexidade das relações sociais, a expansão do universo de indivíduos que interagem no mesmo ambiente social e a diversidade de espaços econômicos para os quais as regras precisam ser definidas. Entretanto, tal fenômeno não significa que há uma tendência à convergência para um modelo único ideal, que possa ser relacionado a definições divinas, como defendido por Hegel. O resultado efetivo da evolução social depende de concepções do que é melhor para a sociedade, dada sua organização específica e seu poder de persuasão relativa dos diversos grupos de indivíduos, como defendido por Marx. Ou seja, os conflitos e as forças relativas de seus participantes pautam os resultados. Nesse contexto, a esquerda, possuindo seus valores, deve se posicionar socialmente para que essas constantes complexização e expansão do alcance das instituições moldem-nas para que convirjam para o mais próximo possível daquilo que reproduz seus valores.

Na revisão das filosofias e na tentativa de absorção conceitual de desenvolvimentos científicos, algumas relações básicas diferentes daquelas defendidas por Karl Marx emergem. Primeiramente, percebe-se que o ser humano não possui uma natureza pura e boa caso não esteja sujeito à cisão de classe. Em suas concepções, Marx eliminou a visão Hegeliana de convergência das sociedades para uma espécie de céu aqui na Terra, onde o poder da razão prevaleceria na determinação das relações entre as pessoas. Porém, introduziu de volta o ideal religioso de seres humanos cuja natureza seria a imagem e semelhança de Deus. No mínimo, defendeu que os humanos, se não fossem sujeitos às distorções geradas por uma sociedade de classes, teriam uma postura dominantemente cooperativa para com seus semelhantes. Vimos que isso não é verdadeiro, pois os seres humanos possuem características de animais, com instintos, e também necessidades que precisam ser satisfeitas. Apenas nos últimos degraus da pirâmide de necessidades de Maslow eles passam a ter propensão elevada a cooperar. E, mesmo assim, o exercício da cooperação ainda depende de uma série de outros fatores, não sendo automática.

Como consequência, pode se deduzir que o fim da sociedade de classes não necessariamente resolverá os problemas sociais da humanidade, como pregava Karl Marx e Friedrich Engels. Outras fontes de conflitos poderão surgir, como aliás ocorreu nos países socialistas. As divergências emergem por causa do surgimento de interesses individuais distintos e conflitantes entre si. A partir dessas possibilidades, posturas não cooperativas aparecerão. A regulação institucional e a definição de normas adequadas na sociedade se fazem então necessárias para tornar o convívio possível e mais harmônico. O estado e as ideologias, além de possivelmente as religiões, terão que continuar existindo para promover a cooperação entre indivíduos.

Vale ressaltar que há uma natureza animal intrínseca do ser humano que lhe dá instintos pessoais de sobrevivência e leva à busca do acúmulo de riqueza. Essa busca é anterior à decisão de cooperação ou não em situações específicas e, por isso, não pode ser menosprezada na concepção das instituições sociais. As experiências de comunismo real também mostraram esse fato. Retirar incentivos fundados nessa característica do ser humano e não criar instituições que permitam a promoção de tal acumulação também é tratar o ser humano de forma errônea, pressupondo uma natureza diferente da que ele possui. Desta forma, as ideologias de esquerda têm que se adaptar a essa percepção de que o ser humano não é como Marx pensava.

Nas suas concepções, Karl Marx deixou a lógica cristã entrar pelos fundos porque precisou defender uma essência não animal do ser humano. Apesar de ter vivido na época de Charles Darwin, ele não analisou as contribuições desse último de forma adequada na formulação de suas próprias ideias.[23] Então, optou pelo ideal cristão de ser humano, que seria a imagem e semelhança de Deus, e adotou um perfil em que ele era visto como puro e bom, se não estiver sujeito às cisões de classe.

Ser de esquerda, nesse contexto, é ser possuidor de uma visão de mundo que é fundada em uma ideologia. Não é apenas acreditar e aderir à promoção de uma evolução histórica que deve levar a sociedade a convergir para o ideário de esquerda, esperando o desenvolvimento das forças produtivas com vistas a tornar o capitalismo derrubável e com isso promover seu fim e, então, alcançar a sociedade ideal. Por isso, a luta da esquerda moderna deve ser permanente, e não só para promover uma revolução que trará o céu para a terra. A história não aponta em uma direção que vá levar ao fim da sociedade de classes com prevalência da bondade sobre o egoísmo.

---

23 Em carta datada de 19/12/1860, e escrita para Friedrich Engels, Marx menciona sua leitura do livro de Darwin. Mas, já tendo avançado muito em suas concepções, foca apenas o potencial questionamento que essa obra tinha para a contestação da religião e para a confirmação da hipótese de que o conflito gerava a evolução natural das espécies. Não se preocupou com a mudança na visão da natureza humana e suas potenciais consequências para toda a sua filosofia da história.

A evolução da sociedade é determinada pela dialética permanente entre as opções de cooperar com seus semelhantes, nos vários níveis de agrupamentos, ou não cooperar. Cooperações e não cooperações em situações concretas levam a evoluções da sociedade para uma nova realidade, na qual novos desafios e potenciais conflitos de interesses surgem. As opções cooperativas e não cooperativas mais uma vez se descortinam para cada indivíduo e para grupos de indivíduos. As posturas adotadas levam a uma nova evolução, pondo a sociedade em uma nova situação. Nesse novo momento, o ciclo se repete e assim a sociedade evolui por meio de novos ciclos, de forma permanente.

A cada momento de evolução é possível identificar situações específicas de crescimento da renda e do bem-estar dos diversos indivíduos nessa sociedade, assim como a forma que a produção se distribui entre eles. A esquerda, então, sempre busca maximizar a riqueza geral a partir da promoção do crescimento econômico e assegurar mais equidade na distribuição de renda. Acredita que dada a existência não desprezível de altruísmo nas motivações humanas, é possível ter uma sociedade com distribuição de renda e de oportunidades mais justas sem que isso tire a motivação pelo desenvolvimento do bem-estar de todos. Os próximos capítulos discutem em maior profundidade essa essência da esquerda.

Diante dessa visão da filosofia da história, o papel das ideologias de esquerda é promover a maior cooperação entre os indivíduos como forma de promover maior igualdade social, respeito aos demais indivíduos, maior desenvolvimento das forças produtivas e a democracia. Esses são ideais básicos de esquerda, que serão melhor detalhados no capítulo a seguir, quando se define o conceito de esquerda.

CAPÍTULO 2

CONCEITO DE ESQUERDA HOJE

Introdução

O conceito de esquerda varia muito nas diversas visões, mesmo entre as pessoas que se definem como pertencentes a este campo. Quando a esses se somam aqueles que não se consideram de esquerda, ou até mesmo criticam essa posição ideológica e política, aí a multiplicação dos conceitos torna-se enorme. Muitas vezes a ideia de esquerda é utilizada para justificar posições completamente opostas em relação a alguns assuntos de natureza prática, como reformas políticas, sociais e econômicas. Em geral, por trás dos argumentos encontram-se implícitos conceitos distintos do que é ser de esquerda. Por isso, a importância de ter um conceito com alguma precisão para que se possa analisar suas consequências para os diversos assuntos de relevância social.

A primeira questão essencial a se responder nesse contexto é se há uma essência que possa servir de base para um conceito preciso de posição ideológica de esquerda. Essa será a investigação desse capítulo. A partir dela, o objetivo é construir um conceito de esquerda. Vale lembrar que o intuito aqui é estudar o que é uma posição ideológica de esquerda, e não dos movimentos políticos concretos de esquerda. Ou seja, a abordagem é filosófica e não partidária-ideológica.

O capítulo está organizado como se segue. Na próxima seção é feita uma apresentação simples da ideia de esquerda para tentar encontrar os pilares básicos dessa ideologia política social. Depois, detalha-se o conceito com mais precisão, tentando incorporá-lo em um arcabouço formal mais rigoroso, mas principalmente opondo-o ao conceito de direita. Então, é analisado em mais detalhes a relação entre distribuição de renda e aceleração do crescimento, ambos tão importantes no conceito de esquerda. Por fim, reúne-se as principais conclusões e alguns comentários adicionais são feitos.

Pilares Básicos do Conceito de Ideologia de Esquerda

A ideia de esquerda, de forma geral, inclui as ideologias que prezam por três fundamentos básicos: (i) prioridade para a igualdade social, (ii) defesa da democracia e (iii) valorização de novas ideias que promovam a aceleração do desenvolvimento econômico. A partir desses três pilares, constrói-se uma série de conclusões políticas e ideológicas que motivam posicionamentos sociais.

A partir dessa visão genérica e ainda bem imprecisa, inclusive por causa de possíveis contradições entre os três fundamentos apresentados acima, é possível introduzir um primeiro conceito de ideologia política de esquerda:

Definição 1 (primeira tentativa de aproximação conceitual): uma ideologia será de esquerda quando defender normas, valores e instituições sociais, políticas e econômicas que promovam a igualdade entre os indivíduos, a democracia e a aceleração do desenvolvimento econômico.

Vale observar que não só as ideologias de esquerda defendem estas três ideias genéricas. A própria revolução burguesa na França, que é vista como um movimento político e social principalmente liberal, tinha princípios que contemplavam esses ideais. Igualdade perante a lei e os mercados, liberdade para contratar e desenvolver suas atividades produtivas e fraternidade entre as pessoas foram as bandeiras defendidas pela Revolução Francesa. Sem sombra de dúvidas, a igualdade que se buscava reduzia várias diferenças entre indivíduos. A liberdade promovia a democracia, e a fraternidade, junto com a liberdade, levava à promoção do bem-estar social, normalmente associado ao desenvolvimento. Entretanto, as regras almejadas pelos ideários da Revolução Francesa não satisfazem as demandas da esquerda, mesmo que sejam vistos como um avanço em relação ao que se tinha antes.

Ou seja, as confusões começam a aparecer quando se tenta definir melhor o que significa cada um desses três conceitos: igualdade social, democracia e a valorização das novas ideias que promovam a velocidade do desenvolvimento econômico. E se aprofundam ainda mais quando se busca definir que sacrifícios são necessários para promover ganhos em cada uma dessas prioridades, tanto individuais como coletivos, e mesmo dos outros dois quando o foco é um deles especificamente. Essa seção procura aprofundar mais o significado de cada um desses fundamentos, enquanto as seções seguintes e o próximo capítulo tratam em mais detalhes algumas de suas implicações.

Antes de proceder à análise mais detalhada de cada uma dessas aspirações da esquerda, vale lembrar que além das divergências quanto à aspiração ideológica de modelo de sociedade, mesmo entre ideologias que se assumem como de esquerda, há também discórdias com relação às consequências dos diversos instrumentos, nesse caso as normas, os valores e as instituições sociais, políticas e econômicas. Nem todos concordam com os resultados obtidos a partir dos diversos arranjos institucionais. Ou seja, mesmo que se concorde com o ideário e os conceitos dos três componentes, ainda assim há diferenças na percepção de como eles devem ser atingidos por haver discordância quanto às consequências dos diversos instrumentos.

Essas divergências, contudo, possuem fundamentos mais objetivos. O desenvolvimento científico nas ciências econômica, social e política pode dirimir dúvidas que geram muitas dessas discórdias. Tópicos específicos a serem discutidos ao longo deste livro utilizarão os desenvolvimentos recentes nessas disciplinas para apresentar conclusões que podem ser relevantes nos debates sociais. Obviamente, pela própria formação do autor, as conclusões da teoria econômica serão as mais utilizadas.

Vale também ressaltar que a igualdade vislumbrada pela maior parte das ideias de esquerda não é rigorosamente igualdade. Na verdade, trabalha-se com a ideia de que existe um índice de desigualdade, como o coeficiente de Gini, utilizado pelos economistas, que é contínuo e pode ser mensurado. Diante dessa concepção, defende-se um nível "baixo" de desigualdade, mas que pode variar de acordo com a concepção e com o custo que tem que se enfrentar por menos desigualdade. Esse assunto será melhor desenvolvido a seguir.

No caso da democracia, também não há um conceito único do que exatamente está incluído nela. Nesse sistema político, as decisões devem ser feitas pela maioria. Mas até que ponto minorias podem ser esmagadas é algo em desacordo entre as diversas concepções. Além disso, há também discórdias entre quais devem ser os instrumentos de decisão dos diversos indivíduos para assegurar a viabilidade da transformação das aspirações da maioria em posicionamento sobre os diversos assuntos relevantes. Por exemplo, quanto de decisão os representantes dos cidadãos podem tomar sem consultar os representados?

Da mesma forma, quanto de aceleração do desenvolvimento pode justificar sacrifícios de maior igualdade social ou mesmo da democracia? São questões que levam a diferenças de visões de esquerda. Essa possibilidade de contradição de objetivos e a definição de regras de escolha é um desafio que divide visões de esquerda dentro de seu próprio espectro ideológico, não em relação às ideologias de direita.

Igualdade Social

A ideia de igualdade social pode ter vários conceitos diferentes. Sabe-se que os indivíduos não são geneticamente iguais. Quando nascem já trazem em si uma carga genética variada. Além disso, nascem em ambientes sociais distintos, sejam eles definidos pelas famílias, comunidades, cidades, países ou qualquer outro agrupamento humano. Ao longo de suas vidas, constroem histórias diversas, que contribuem para definir suas preferências individuais. Por isso, mesmo irmãos gêmeos univitelinos têm preferências distintas, seja quanto ao esforço que se dispõem a desprender para atingir objetivos específicos e prioridades profissionais, ou com relação ao perfil de consumo. Ou seja, a diferenciação entre indivíduos tem três origens básicas: (i) genética, (ii) ambientes sociais e (iii) histórias individuais. Dessa forma, uma primeira preocupação é saber quais dessas desigualdades busca-se reduzir em uma posição político-ideológica de esquerda.

A ideia de igualdade com certeza não contempla a noção de todos os indivíduos serem geneticamente iguais ou terem famílias e demais ambientes sociais idênticos. Quanto às histórias individuais, também não se pensaria em defender como uma ideia factível tentar forçar todos os indivíduos a terem as mesmas histórias individuais. Isso significa que, quando se fala em igualdade, pensa-se antes de tudo em alguma métrica que possa mensurar o desempenho dos diversos indivíduos, dadas suas particularidades quanto aos diferenciadores apresentados acima. É muito comum que as pessoas pensem em felicidade individual, mas essa é de difícil mensuração. Diante disso, em sociedades capitalistas modernas, normalmente o foco é a noção de renda. Ou seja, a igualdade de renda entre os diversos indivíduos seria o anseio das posições ideológicas de esquerda em sociedades capitalistas.

Ao longo da vida, um indivíduo pode ter vários níveis de renda, dependendo de idade, disponibilidade para trabalho, qualificação, estoque de riqueza e outras contingências individuais. A hipótese do ciclo de vida de Modigliani e Ando[1] tenta capturar um comportamento comum em economias capitalistas, mas nem todos os indivíduos possuem exatamente o mesmo padrão. Nessas circunstâncias, a ideia de igualdade de rendas deve buscar reduzir as disparidades ao longo da vida dos indivíduos, não a cada momento. É razoável pensar que qualquer posição de esquerda deve concordar com tal ideia, apesar desta já ser uma possível fonte de discórdia.

Para facilitar a compreensão e reduzir complicações associadas às variações das rendas dos indivíduos ao longo da vida, uma forma simples é introduzir o conceito de renda permanente original, baseado no conceito que foi inicialmente introduzido por Milton Friedman.[2] Pode se definir a renda permanente de um indivíduo como:

$$Y_{pt} = \frac{\sum_{i=0}^{n} Y_{t+i} \left(1+r\right)^{-i}}{\sum_{i=0}^{n} \left(1+r\right)^{-i}} \qquad (1)$$

---

1 Ver Modigliani (1966), Modigliani e Brumberg (1954) e Ando e Modigliani (1963).

2 Ver Friedman (1957).

Onde Y_{pt} é a renda permanente auferida no tempo t, Y_{t+i} é a renda esperada para o tempo t+i, r é a taxa de juros, que se supôs constante ao longo do tempo como uma simplificação, e n é o tempo de vida restante do indivíduo. Nesse conceito, a renda permanente é aquela que, sendo constante ao longo de toda a vida futura, equilibraria o fluxo de rendas futuras do indivíduo com a renda esperada.

No caso específico das discussões aqui propostas, a renda permanente que interessa mais é a original, que seria a renda permanente do indivíduo quando t=0, ou seja, quando ele nasce. Ao longo da vida, ele vai poupando e construindo estoques de capital e sua renda permanente vai mudando. A cada momento só existe um nível de consumo individual que deixa a renda permanente inalterada, obviamente sendo esse também mensurado em unidades monetárias, assim como a renda. Consequentemente, pode-se dizer que, na maioria dos momentos, os indivíduos alteram suas rendas permanentes.

Mas, para uma primeira aproximação superficial do conceito de esquerda, pode-se definir a busca de igualdade como sendo a de renda permanente original. Nas próximas seções e capítulos, esse conceito será mais aprofundado e será possível perceber que a aproximação de igualdade apresentada na definição inicial é útil apenas em uma versão ingênua do conceito de esquerda ou como ponto de partida do conceito teórico.

Democracia

No ideário de esquerda, democracia não representa apenas o direito ao voto e a determinação de que cada cidadão tem apenas um voto, que é igual ao de todos os demais, independentemente de seus atributos individuais, seja de qual natureza ele for. Esse, é claro, também é um dos fundamentos básicos da democracia, mas não pode ser o único. Vale salientar que a determinação de limites para o voto por idade mínima normalmente é aceita como uma possibilidade que não fere a democracia. Limitações de votos a minorias sociais já é visto como uma restrição da democracia, sendo indesejável em regimes de fato democráticos. Restrições de votos a mulheres e analfabetos são alguns exemplos de tais restrições.

Como dito inicialmente, algumas outras preocupações também são fundamentais no conceito de democracia defendido pela esquerda. Entre elas, cabe destacar o acesso de todos a direitos mínimos que compõem a dignidade básica de um indivíduo. O primeiro deles é o direito à vida. Ou seja, nenhuma maioria pode eliminar minorias apenas por não se integrarem a ela. Um segundo é o direito à inviolabilidade física. Todos podem dispor do seu corpo da forma que pretendem, não podendo por determinação da maioria ser sujeitado a tortura ou estupro, por exemplo.

O conceito de não violação de direitos das minorias por decisões das maiorias pode inclusive ser estendido. Nenhuma minoria pode ser privada de direitos disponíveis para as maiorias por possuir atributos que não trazem prejuízo ou ameaça a outros indivíduos. Por exemplo, ninguém pode ser penalizado por ser de uma raça ou credo religioso específicos. Penalizações sociais só podem ser destinadas a indivíduos que tenham infringido regras estabelecidas pela maioria e que possam ser aplicadas igualmente a todos os indivíduos. Uma lei que, por exemplo, defina que pessoas negras flagradas roubando devem morrer não faz parte de um conceito adequado de democracia na visão da esquerda. Pois indivíduos não negros não poderiam se enquadrar nesse conceito.

Os canais de transmissão que transformam as preferências das pessoas em votos nas decisões sociais devem ser estruturados de maneira adequada. A esquerda defende que esses canais de transmissão sejam os mais eficientes possíveis, sem gerar distorções entre as preferências dos diversos indivíduos e como elas aparecem no momento das decisões. Assegurar essa eficiência é um desafio particularmente importante na maioria das sociedades, pois estas em geral adotam o sistema de democracia representativa, assunto que será melhor discutido no capítulo 4.

Todas as sociedades com certa complexidade em sua estrutura institucional se utilizam de mecanismos que reduzem as incoerências entre as diversas posições individuais. Por exemplo, indivíduos podem preferir ter o direito de se aposentar aos 50 anos caso já tenham dedicado 35 anos ao trabalho, como ocorre no Brasil entre funcionários públicos. Mas, para isso, os desenvolvimentos na área de saúde podem elevar a expectativa de vida de forma que as contribuições individuais para a aposentadoria tenham que subir de x para (x+y) por cento da renda mensal para que tais aposentadorias sejam possíveis. Os indivíduos podem preferir continuar se aposentando aos 50 anos sem que haja aumento das contribuições. Essas são preferências contraditórias entre si. As sociedades têm que possuir mecanismos para reduzir tais incoerências. Geralmente, se utilizam de mecanismos em que os indivíduos escolhem representantes para tomar decisões por eles, em teoria aprofundando mais as opções e reduzindo as suas inconsistências.

A esquerda moderna defende que esses mecanismos de redução das inconsistências nas preferências distorçam o mínimo necessário as preferências da maioria. Entretanto, essa preocupação ainda gera muitas discórdias dentro das diversas ideologias de esquerda. As visões antigas menosprezavam muito essa preocupação e, na segunda metade do século XX, sofreram críticas fortes por causa dessa postura. A partir delas, surgiu uma nova esquerda que tornou essa preocupação fundamental em sua visão de mundo.

Essas ideias de democracia são comuns a outras ideologias, inclusive algumas de direita, mais liberais. Na verdade, uma parte importante da esquerda concorda com as premissas estabelecidas na Declaração dos Direitos Humanos, que não é uma proposição de esquerda, ou pelo menos não só da esquerda. Contudo, a visão democrática de esquerda vai um pouco além do que é preconizado por essa declaração, defendendo mecanismos de representação eficientes, que superem as dificuldades impostas pelos custos envolvidos no processo de transmissão entre cidadãos e representação social. Busca-se evitar que o poder do dinheiro distorça esses mecanismos, introduzindo mais representatividade relativa das preferências dos mais ricos. Além disso, a verdadeira ideologia de esquerda também vai além dos princípios estabelecidos na Declaração dos Direitos Humanos no que diz respeito a alguns direitos básicos, como acesso a serviços de educação e saúde. Defende que haja mais igualdade no acesso a eles, propondo mais uniformidade no direito à vida e à qualificação pessoal em toda a sociedade.

Aceleração do Crescimento Econômico

A esquerda, desde a sua consolidação no século XIX, sempre teve uma posição progressista, que defende a aceleração do processo de desenvolvimento das forças produtivas, de acordo com o conceito utilizado por Marx (1868). De maneira simplificada, pode-se dizer que o desenvolvimento mais rápido das forças produtivas leva necessariamente ao crescimento econômico mais acelerado. Obviamente, isso não é sempre verdadeiro, mas de forma geral essa relação se verifica. Em uma representação neoclássica de uma função de produção:

$$Y = A K^\alpha R^\beta H^{1-\alpha-\beta} \qquad (2)$$

Onde Y é a produção total por indivíduo na sociedade, geralmente mensurada pelo PIB per capita, H e K são os estoques per capita de capitais humano e físico, respectivamente, ambos acumuláveis por decisões da sociedade, R é a quantidade de recursos naturais per capita utilizada. As letras gregas α e β são parâmetros, tais que $\alpha + \beta < 1$, $\alpha > 0$ e $\beta > 0$. $A > 0$ é um índice de produtividade dos fatores de produção, normalmente conhecido como a produtividade total dos fatores de produção. Segundo esses conceitos:

$$\frac{\dot{Y}}{Y} = \frac{\dot{A}}{A} + \alpha \frac{\dot{K}}{K} + \beta \frac{\dot{R}}{R} + (1-\alpha-\beta)\frac{\dot{H}}{H} \qquad (3)$$

Onde o ponto sobre a variável representa sua derivada em relação ao tempo. Por conseguinte, essa derivada dividida pela própria variável representa sua taxa de crescimento naquele momento. A equação (3) é obtida a partir da extração do logaritmo natural da equação (2) e derivada do resultado em relação ao tempo. O termo do lado esquerdo da equação representa o crescimento do PIB per capita, em geral associado ao desenvolvimento econômico. Quanto mais rápido esse último for, mas rápido tende a ser esse crescimento.

O conceito marxista de desenvolvimento das forças produtivas envolve:

$$\frac{\dot{F}}{F} = \frac{\dot{A}}{A} + \alpha \frac{\dot{K}}{K} + (1-\alpha-\beta)\frac{\dot{H}}{H} \qquad (4)$$

Por consequência, a variação negativa do estoque de recursos naturais per capita pode levar a um crescimento das forças produtivas sem gerar maior crescimento econômico. A introdução do conceito e ideologia do desenvolvimento sustentável no século XX visa exatamente preencher essa lacuna na relação expressa pela equação (3). O crescimento passou a considerar também a preocupação com a disponibilidade de recursos naturais. A esquerda incorporou essa ideia.

Na visão de Marx, o desenvolvimento das forças produtivas levaria a uma situação em que as instituições que definem uma economia como capitalista não seriam mais capazes de gerar o desenvolvimento das forças produtivas. Por isso, teria que haver um novo arranjo institucional que superaria as barreiras impostas pelo capitalismo. Por isso, a esquerda tradicionalmente é progressista. Ela condena as desigualdades geradas pelo capitalismo e defende o desenvolvimento das forças produtivas para que esse estágio de contradição seja atingido e uma sociedade mais justa possa emergir. Contudo, as diversas posições de esquerda não concordam com a estrutura institucional dessa nova sociedade.

É possível, porém, que haja uma contradição entre maior igualdade e maior crescimento econômico. Da mesma forma, o crescimento econômico mais acelerado também pode gerar contradições com o próprio aprofundamento da democracia. Por exemplo, em uma sociedade qualquer, caso se defina institucionalmente que se mate todos os aposentados que não trabalham, o que seria uma séria violação da democracia, poderia se acelerar o processo de crescimento econômico. Ou seja, haveria uma contradição entre esses dois objetivos da esquerda. Posições em relação a essas potenciais contradições são divisores importantes de posicionamentos de esquerda. Mais tarde voltaremos a tratar da natureza e das consequências de algumas dessas potenciais contradições.

Esquerda Versus Direita

Até aqui, tentou-se conceituar a esquerda a partir de alguns princípios básicos. Mas também se viu que alguns deles não a separam da direita. Muitas posições de direita também defendem a democracia, o desenvolvimento econômico acelerado e mesmo a igualdade entre os indivíduos. Nesse contexto, o conceito de esquerda ainda está suficientemente geral para se confundir com o de humanismo liberal e não aprofundou algumas potenciais contradições fundamentais entre os chamados pilares básicos do conceito de esquerda.

Obviamente, há várias posições de direita, assim como de esquerda. Por isso, achar qual é a relação fundamental das duas visões que as diferenciam torna-se tão difícil. Nos conceitos apresentados, a ideia de esquerda já se diferencia da direita autoritária, que reprime imigração, permite arcabouços institucionais que não condenem o racismo, a homofobia e tantos outras características da direita rude, sem profundidade filosófica. Nenhuma esquerda de verdade, por sua vez, pactua com essas visões, embora várias delas tenham sido praticadas em sociedades que optaram pelo socialismo ao longo dos últimos cem anos. Por isso, algumas vertentes do pensamento que se definia como de esquerda, apesar de não defenderem explicitamente tais práticas, foram omissas na sua condenação e algumas vezes até coniventes.

Há posições ideológicas de direita que também são humanistas. Defendem a democracia em uma perspectiva mais profunda do que aquela introduzida pela Declaração Universal dos Direitos Humanos, além de mais igualdade e maior crescimento econômico. A direita efetivamente liberal, que acredita que governos devem ter responsabilidades na área da educação, além de polícia, justiça e defesa, é a direita que às vezes se torna muito parecida com a esquerda moderna. É dessa direita que se tentará diferenciar a esquerda aqui. A seção anterior já serviu para a diferenciar daquilo que chamei de direita rude. Os conceitos da próxima seção contribuirão para essa outra diferenciação.

Distribuição de Renda e Aceleração do Crescimento

Agora, o intuito é discutir um pouco mais sobre a distribuição de renda e sua relação com o crescimento econômico. A partir disso, pode-se aprofundar mais o conceito de esquerda e entender melhor suas diferenças em relação à direita. Também é possível apresentar uma diferenciação mais clara dos tipos de esquerda, que, ainda de forma bem agregada, será dividida em duas esquerdas.

Determinação da Distribuição de Renda

Segundo a teoria econômica ortodoxa, as remunerações dos fatores de produção, capital, trabalho, recursos naturais e capital humano são determinadas pelas forças de mercado. Todas elas, por arbitragem nos mercados de fatores, são levadas a ser iguais à produtividade marginal de cada um deles, ou à contribuição marginal de cada um à produção, já considerando os preços relativos dos bens e serviços produzidos, tanto hoje como no futuro. A distribuição de renda entre os indivíduos, por sua vez, é determinada a partir da distribuição da propriedade dos fatores de produção entre eles.

Obviamente, qualquer economista com algum juízo sabe que isso é uma aproximação. Várias são as razões para tal. Primeiro, a arbitragem nunca é perfeita. Assim, a economia nunca está nessa situação em que a conclusão acima é de todo verdadeira. Haverá sempre fatores de produção com remunerações superiores (ou inferiores) à sua contribuição marginal no momento. Isso pode ocorrer por desequilíbrios transitórios ou mesmo por haver informação imperfeita e por vários detentores de fatores não obterem sua melhor remuneração possível, dadas as condições de mercado existentes. Entretanto, mesmo nessas condições, são os mercados que definem a distribuição de renda.

Monopólios e oligopólios também podem mudar esse equilíbrio. Detentores de fatores de produção que controlam as empresas que estão em setores com esses privilégios podem alterar sua remuneração relativa. Isso leva a situações em que algumas mercadorias ou serviços serão produzidos abaixo do socialmente ótimo, e isso elevará a remuneração dos fatores de produção empregados, cujos proprietários podem definir a quantidade a ser produzida. Vale salientar que empresas que incorporam grandes revoluções tecnológicas se enquadram nessa condição. A falta de acesso ao "como produzir" pelas demais companhias faz com que as primeiras possam cobrar pelos seus bens ou serviços acima do que seria o preço em um equilíbrio competitivo.

Acesso a recursos naturais, cujos estoques não são distribuídos por número suficientemente grande de proprietários, também pode gerar rendas extras, acima do que seria decorrente de um equilíbrio competitivo. Essa situação é, na verdade, um caso específico de monopólio ou oligopólio. A renda extra é apropriada pelos proprietários exatamente por causa do poder de monopólio ou oligopólio que possuem sobre as reservas.

Governos também mudam o equilíbrio da remuneração dos fatores de produção com tributações e subsídios desequilibrados entre os tipos de renda e os setores produtivos. Podem, por exemplo, penalizar mais rendas advindas de maior capital humano. Ao impor tal tributo, ou sua elevação, os detentores desse recurso perdem renda relativa às rendas dos detentores dos demais fatores de produção. A estrutura tributária pode afetar bastante a distribuição dos rendimentos advindos de propriedades de fatores de produção.

A abertura comercial de um país também altera os preços relativos dos bens e serviços produzidos em decorrência da competição externa. Como consequência, há mudanças nos preços internos dos fatores de produção, pois suas demandas internas sofrem competição internacional proporcionalmente diferentes.[3] A integração internacional dos mercados de um país também reduz o poder de mercado de alguns agentes, o que gera postura monopolista ou oligopolista. Por conseguinte, rendas extras de seus proprietários são eliminadas ou ao menos reduzidas.

Apesar de haver algumas possíveis fontes de alteração da distribuição de renda entre os fatores de produção gerada pela atuação das forças de mercado, o maior determinante dela entre indivíduos é a distribuição da propriedade dos fatores de produção. Cada indivíduo i tem uma renda de fatores que pode ser representada como:

$$y_i = r\,k_i + q\,n_i + s\,h_i + w\,l_i \qquad (5)$$

Onde y_i, k_i, n_i, h_i, e l_i são a renda do indivíduo i, seu estoque de capital financeiro ou físico, recursos naturais utilizados, capital humano e quantidade de trabalho utilizada produtivamente. Enquanto os quatro primeiros são medidos em unidades monetárias, o último é medido em tempo. As letras sem subscrito, r, q, s e w são remunerações desses fatores de produção determinadas por seus mercados. Governos, monopólios e oligopólios, assim como a abertura comercial, afetam tanto as quantidades dos fatores dos indivíduos (o que pode vir apenas de mudanças em seus preços) como as suas remunerações.

---

3   Essa relação é uma versão simplificada do Teorema de Stolper-Samuelson. Ver Stolper e Samuelson (1941).

Vale ressaltar que alguns desses fatores de produção são acumuláveis, como os capitais humano e financeiro. Recursos naturais e capital físico que são adquiridos por estoque de capital financeiro já existente são apenas transformações de um tipo de fator de produção em outro. Recursos naturais, por sua vez, podem ser adquiridos por pesquisas ou investimentos em ampliação de acesso (infraestrutura).

As instituições, normas sociais, cultura e até mesmo ideologias podem afetar a quantidade de fatores de produção de cada indivíduo, seja por incentivos à acumulação a partir de esforço individual (poupança ou qualificação produtiva individual), ganhos de valor por mudanças nas tendências de mercado (valorização de ativos) ou aquisição de terceiros sem contrapartida, normalmente por herança ou sorte no jogo. A aquisição por compra a partir de um estoque de poupança realizada representa apenas uma transformação no tipo de fator de produção, mas a acumulação por decisões passadas ou ganhos de valor por mudanças nas tendências de mercado continuam como os métodos de obtenção nesse caso. Ganhos de valor por mudanças nas tendências de mercado são particularmente importantes em sociedades modernas. Terrenos em lugares que se tornam disputados no mercado imobiliário ou valorização de ações são exemplos desse tipo de ganho.

Vale observar que a história pregressa da sociedade e de cada um de seus indivíduos determina muito de seu estoque de fatores. Parte do que se possui de k, n e h é adquirida por herança ou por forte influência das relações familiares, além do próprio esforço individual de acumulação. As instituições, normas sociais, cultura e até mesmo ideologias não afetam a renda dos indivíduos apenas no momento atual. As evoluções passadas delas também são muito importantes para tal, pois moldam a acumulação passada, que responde por proporção elevada do estoque atualmente existente. O estoque de fatores de produção de cada indivíduo (capitais físico, financeiro e humano e recursos naturais) é produto das histórias dos indivíduos, de suas famílias, de seus círculos sociais e da sociedade em que vivem (bairro, município, estado, país ou até mesmo o mundo).

Com esses conceitos, pode-se definir uma medida de distribuição de renda a partir da ordenação dos indivíduos tendo como base suas rendas individuais. Mais precisamente, é possível definir a curva de Lorenz como aquela que cria uma relação entre a proporção de indivíduos com a renda até aquele ponto e a renda apropriada por eles acumulada. A figura 1 mostra um exemplo da curva de Lorenz. No eixo horizontal, a proporção dos indivíduos em relação ao total é gerada a partir da acumulação deles, dos de menor renda para os de maior renda. Cada ponto nesse eixo passa a representar a proporção de indivíduos com renda menor ou igual àquela do indivíduo representado por esse ponto. No eixo vertical, mede-se a proporção da renda acumulada pelos indivíduos até aquele ponto. Assim, cada ponto da curva de Lorenz nesse eixo estará medindo a renda acumulada pelo conjunto de indivíduos mais pobres do que aquele a que o ponto se refere no eixo horizontal, somada também à renda daquele indivíduo. Se houver distribuição de renda perfeita, todos os pontos da curva cairão sobre uma reta com inclinação de 45°. Quanto mais concentrada for a renda, mais a curva de Lorenz se afastará dessa reta. Vale lembrar que ela sempre encontrará o ponto (1,1) no seu limite superior, pois 100% dos indivíduos necessariamente se apropriarão de 100% da renda total adquirida por eles.

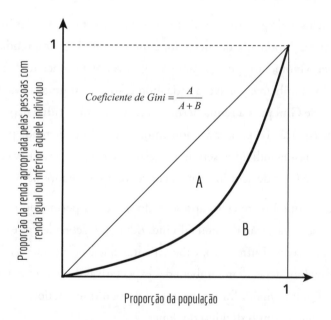

FIGURA 1: Curva de Lorenz e definição do coeficiente de Gini

O coeficiente de Gini, que é a medida mais utilizada de distribuição de renda, mede a área entre a curva de Lorenz e a reta com perfeita distribuição de renda (linha de 45°). Quanto maior for essa área, maior será a concentração de renda e o coeficiente de Gini. Para que ele se torne uma medida padronizada, divide-se essa área pela área total sob a reta de 45°. Assim ele passa a medir a participação do desvio da distribuição totalmente igualitária na área gerada pela distribuição totalmente igualitária.

Antes de concluir essa seção, vale expandir o conceito de renda utilizado na equação (5). Se há governo, pode-se definir a renda de um indivíduo i como sendo:

$$y_i = (r - \tau_r)k_i + (q - \tau_q)n_i + (s - \tau_s)h_i + (w - \tau_w)l_i + T_i \qquad (6)$$

Onde τ_j é o tributo sobre a remuneração j dos fatores de produção, com j podendo representar r, q, s ou w. T_i representa as transferências do governo recebidas pelo indivíduo i, podendo ser em serviços ou dinheiro. A curva de Lorenz e o coeficiente de Gini devem ser calculados a partir das rendas individuais, tal como aparecem representadas na equação (6), pois elas são as efetivamente encontradas em qualquer sociedade.

Além da inclusão do governo e as distorções que ele gera nas rendas individuais em relação àquela puramente de mercado, é interessante incluir a renda, não em um determinado momento apenas. Para isso, vale voltar ao conceito de renda permanente. Assim, também é possível a cada momento definir uma curva de Lorenz e o coeficiente de Gini para a renda permanente, basta substituir a expectativa da equação (5) na equação (1) para cada momento. Esses valores de renda permanente encontrados para cada indivíduo seriam utilizados para calcular a curva de Lorenz e o coeficiente de Gini de acordo com os conceitos apresentados acima.

Vale ressaltar que no conceito apresentado de renda permanente embute-se uma expectativa de variação da renda do indivíduo que depende das expectativas das evoluções pessoais. Entretanto, cabe salientar que as expectativas futuras de renda dos indivíduos dependem também das expectativas de crescimento da renda da sociedade. Quanto maior for a expectativa dessa última, maior tenderá a ser a renda permanente de um indivíduo qualquer.

Distribuição de Renda e Renda Permanente

A partir dos conceitos apresentados até então, pode-se definir uma relação entre a renda permanente média na sociedade e o coeficiente de Gini das rendas permanentes. Essa relação, se incluída em um eixo cartesiano de duas dimensões, pode ser representada como na figura 2. G é o coeficiente de Gini, consequentemente, os valores do eixo horizontal estão entre zero e um e crescem da esquerda para a direita quando a distribuição de renda se torna mais igualitária. Próxima a zero, essa distribuição de renda seria muito concentrada (G próximo a um). Contrariamente, próxima a um, ela seria muito desconcentrada, ou quase igualitária (G próximo a zero). O encontro dos eixos não necessariamente se dá em um ponto em que a renda permanente média é zero, pois mesmo com igualdade total ainda haverá renda apropriada pelos indivíduos.

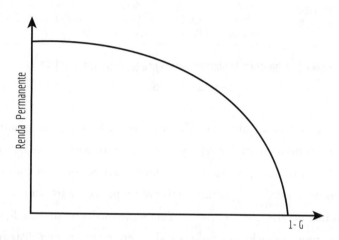

FIGURA 2: Relação entre renda permanente média e coeficiente de Gini

De acordo com a forma apresentada na figura, a renda permanente média tende a decrescer quando há desconcentração de renda. A lógica básica dessa relação foi apresentada em um modelo de crescimento proposto por Kaldor (1957). Ele se baseou em uma hipótese que é considerada como fato estilizado na teoria do consumo agregado: a proporção da poupança na renda dos indivíduos cresce quando a renda individual aumenta. Friedman (1957), Modigliani e Brumberg (1954), Modigliani (1966) e Ando e Modigliani (1963), ao apresentarem suas teorias do consumo, já buscavam justificar esse comportamento. Essa relação pode ser facilmente perceptível com dados brasileiros da Pesquisa de Orçamento Familiar (POF) do IBGE. A figura 3 mostra ela com esses dados para 2008.

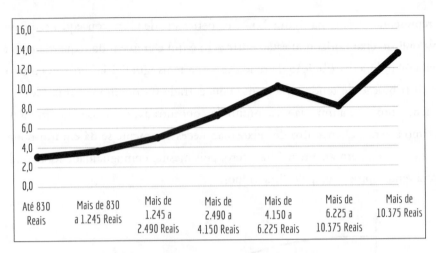

Figura 3: Proporção da poupança na renda total das famílias (%)
Fonte: IBGE, POF 2008.

A partir dessa relação, Kaldor (1957), utilizando a lógica de que quanto maior o crescimento econômico, maior terá que ser o investimento e por consequência a poupança,[4] mostra que quando há crescimento econômico mais acelerado há transferências de renda dos segmentos mais pobres para os mais ricos. Entretanto, como o crescimento aumenta, a renda permanente média na sociedade aumenta. A causalidade nesse modelo, contudo, vai do crescimento para a distribuição de renda e a participação da poupança na renda.

No modelo de crescimento clássico de Solow (1956), o nível de renda de equilíbrio também se relaciona de forma direta, dado um nível de desenvolvimento tecnológico, à participação da poupança na renda. Se há uma relação entre proporção da poupança na renda e nível de renda individual, esse modelo também levaria a uma relação inversa entre distribuição de renda e renda permanente no conceito aqui utilizado.

Em trabalho recente sobre a teoria do crescimento, Lucas (1988) foi além e mostrou que, quanto maior a propensão a poupar da população, maior a taxa de crescimento da economia. Nesse modelo, a acumulação de capital humano geraria equilíbrio com crescimento estável e positivo de longo prazo. Assim, se a relação

---

4   Deaton (1992) e Modigliani (1993) trazem estimativas dessa relação com dados entre países, confirmando as expectativas.

entre proporção da poupança na renda e renda individual preconizada por Kaldor (1957) for verdadeira, maior concentração de renda geraria maior crescimento de equilíbrio. Com o conceito de renda permanente utilizado aqui, isso implicaria uma relação inversa entre renda permanente e distribuição de renda, como visto na figura 2.[5]

Todas essas conclusões desses modelos de crescimento geram o mesmo resultado necessário para se obter a relação expressa na figura 2. No entanto, o formato da relação inversa com segunda diferencial negativa não necessariamente decorre desses modelos. Essa segunda diferencial também não é relevante para as discussões aqui. Portanto, não será discutida. Pode-se tomar sua definição apenas como casual, sem que necessariamente seja uma defesa dessa hipótese.

Vale salientar, contudo, que a linha inclinada negativamente na figura 2 reflete uma situação de equilíbrio competitivo, sem intervenção do governo de forma exagerada na distribuição de renda e deixando os mercados funcionarem. Nela, as economias são abertas, sem distorções decorrentes de intervenções no comércio internacional. Ou seja, é uma relação definida em uma situação de eficiência econômica. Porém, quando o governo introduz tributação e outros mecanismos de transferência de renda entre indivíduos e setores econômicos, normalmente retira a economia da situação de eficiência. Com isso, pode gerar deslocamentos para o interior da curva. Após intervenção do governo, uma economia que estivesse em um ponto como o A na figura 4 pode terminar em um ponto como o B nessa mesma figura. Outras mudanças, como aperfeiçoamento democrático, podem levar a deslocamentos do ponto B para o ponto C, com melhoria na distribuição de renda e maiores crescimento e renda permanente média.

---

5 Essa relação também pode ser obtida em modelo de crescimento com desenvolvimento tecnológico endogenamente determinado, como no modelo de Romer (1990).

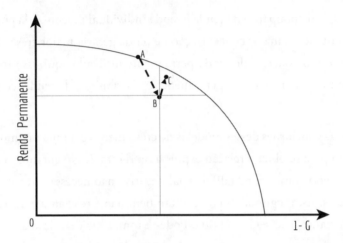

FIGURA 4: Potencial consequência de intervenções públicas na relação entre renda permanente média e coeficiente de Gini

CONCEITO DE ESQUERDA CONSIDERANDO RELAÇÃO ENTRE RENDA PERMANENTE E DISTRIBUIÇÃO DE RENDA

Os conceitos introduzidos nas seções anteriores permitem aprofundar um pouco o conceito de esquerda e introduzir algumas diferenças em relação a alguns conceitos de direita. Todos eles estão esquematizados na figura 5. Dada uma determinada situação de uma sociedade, a esquerda pode ser caracterizada como aquelas ideologias que buscam melhorar a distribuição de renda em relação ao estado atual. A direita, por sua vez, não se preocupa tanto com a distribuição de renda e aceita políticas e instituições que promovam a sua concentração ou a mantenham.

Entretanto, há mais de uma esquerda e mais de uma direita. As posições de esquerda, às vezes, se limitam àquelas que sempre defendem melhor distribuição de renda com maior eficiência e por isso sempre visam também aumento da renda permanente. Essa é a esquerda moderna ou verdadeira. Mas há posições que pensam ser de esquerda e que defendem a melhoria da distribuição de renda, mas, na verdade, são retrógradas a ponto de trair os ideários de desenvolvimento das forças produtivas da esquerda moderna e defender posições que reduzem a renda permanente.

Por isso, na figura 5, incluiu-se a esquerda retrógrada como aquela que defende políticas e instituições que melhorem a distribuição de renda, mas ao mesmo tempo reduzem a renda permanente. Por simetria, definiu-se a direita retrógrada, que é aquela conservadora, como a que defende intervenção excessiva do governo na sociedade e na economia, de forma que reduz a renda permanente, além de concentrar mais renda.

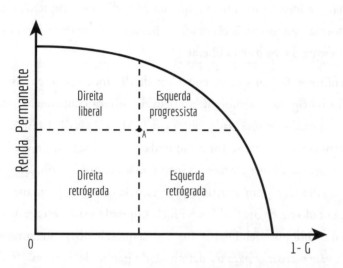

Figura 5: Conceito de esquerda e direita a partir da relação entre renda permanente média e coeficiente de Gini

Na verdade, em muitas sociedades reais que estejam em um ponto interior, como o A na figura 5, parte não trivial da direita progressista defende políticas e instituições que promovam uma melhor distribuição de renda, além de crescimento econômico no potencial da economia de mercado. Muitas vezes, essa é de fato a direita verdadeira, pois é liberal, democrática, libertária e radical. Muitas vezes, as posições ideológicas dela são de tal ordem que, se as propostas de políticas forem efetivamente levadas adiante, haveria melhor distribuição de renda e maior crescimento econômico. Ou seja, no quadrante que na figura 5 se denominou esquerda progressista, há uma interseção com a direita liberal quando a sociedade funciona sob muita ineficiência. Vale ressaltar, porém, que essa interseção desaparece quando o nível de eficiência da sociedade é elevado e ela se aproxima dos limites impostos pela curva representada na figura 5.

Quando o equilíbrio na economia se aproxima da curva de limite de eficiência econômica, representada pela linha externa ligando os dois eixos nas figuras 4 e 5, a esquerda progressista passa cada vez mais a aceitar sacrifícios de eficiência por melhor distribuição de renda. Consequentemente, cresce a interseção dela com a esquerda retrógrada. Cada vez que a situação real de uma sociedade se aproxima mais da curva limite que incorpora o conflito entre renda permanente e distribuição de renda, maior a interseção entre a esquerda verdadeira e a esquerda retrógrada. Da mesma forma, quanto mais ela se afasta dessa curva, maior a interseção entre a verdadeira esquerda e a direita liberal.

É importante enfatizar que os conceitos de direita e esquerda, assim como representados na figura 5, sempre dependem da situação concreta da sociedade. A esquerda, em qualquer sociedade, sempre defenderá mais distribuição de renda e mais eficiência produtiva, se for a esquerda progressista ou de verdade. Se o nível de eficiência já estiver elevado, o foco será a melhor distribuição de renda, mesmo que mediante algum sacrifício de eficiência ou renda permanente média, como representado na figura 5. Mas, se for a esquerda verdadeira, esse sacrifício sempre será o menor possível. Diante disso, uma questão óbvia que surge é quanto de eficiência vale sacrificar para ter determinado ganho de distribuição de renda. Para entender esse ponto, é necessário compreender os fundamentos e limites da noção de igualdade contida no pensamento de esquerda, que será o objeto do próximo capítulo.

Conclusões

Comentários Adicionais

Todos esses argumentos levam a um aprofundamento da definição de esquerda em relação ao que foi introduzido na seção 2 deste capítulo. Essencialmente, introduziu-se a ênfase no desenvolvimento econômico, diferentemente do que certas posições de esquerda retrógradas fazem, e a noção de sacrifício deste último para a promoção de igualdade de renda, mas desde que essa renúncia seja a mínima necessária. Quando a promoção da igualdade vier associada ao melhor funcionamento dos mercados e maior eficiência econômica, melhor, mesmo que nesse caso haja coincidência de objetivos com a direita liberal. Diante desses desenvolvimentos teóricos, um novo conceito de esquerda poderia ser elaborado.

DEFINIÇÃO 2 (segunda aproximação conceitual): Uma ideologia será de esquerda quando defender normas, valores e instituições sociais, políticas e econômicas que promovam a igualdade entre os indivíduos, a democracia e a aceleração do desenvolvimento econômico, e que aceite sacrifícios de desenvolvimento para promover a igualdade, mas sempre o mínimo necessário.

A partir desse conceito, passa a ser importante definir quais devem ser os focos dos sacrifícios e se eles têm limites. Isso será examinado no próximo capítulo, que discorrerá com mais detalhes sobre a natureza das desigualdades, partindo de análise pormenorizada daqueles que foram identificados aqui como determinantes da desigualdade de renda entre indivíduos.

Antes de concluir, vale enfatizar que o conceito de esquerda se tornou essencialmente relativo na definição aqui apresentada e a partir do que se analisou na seção anterior. Pois não se apresentou na curva um ponto de limite da relação entre crescimento e distribuição de renda que fosse um equilíbrio qualquer, a partir do qual deslocamentos para a direita representariam um avanço da esquerda e deslocamentos para o outro lado representariam o domínio da direita. Esse ponto, contudo, pode ser teoricamente definido. Com normas, instituições e valores neutros quanto à distribuição de renda, toda a sociedade, se os mercados funcionarem bem, terão um ponto de equilíbrio nessa curva. Sendo isso verdade, quanto mais à direita desse ponto a sociedade se encontrar, mais à esquerda estará a ideologia que molda suas normas, valores e instituições. Quanto mais à esquerda ela estiver desse ponto, mais a direita prevaleceu. Dessa forma, quanto mais para a direita desse ponto a ideologia tentar empurrar a sociedade, mais esquerdista ela será. Da mesma maneira, quanto mais para a esquerda desse ponto a ideologia tentar empurrar a sociedade, mais de direita ela será.

Cabe notar que essas discussões finais relegaram a segundo plano a preocupação com a democracia. No entanto, o grande aperfeiçoamento do pensamento de esquerda nos últimos 50 anos foi exatamente trazer a preocupação com a democracia para o primeiro plano de sua visão. Isso significa que a noção conceitual desse capítulo ainda carece de aprofundamento, que será melhor realizado após o aprofundamento das discussões sobre distribuição de renda e democracia.

CAPÍTULO 3

FUNDAMENTOS E LIMITES DA NOÇÃO DE IGUALDADE CONTIDA NO PENSAMENTO DE ESQUERDA

INTRODUÇÃO

Viu-se no capítulo anterior que a ideologia de esquerda defende mais igualdade de renda, mais crescimento econômico e mais democracia. Ela se diferencia da esquerda retrógrada por causa da defesa do desenvolvimento das forças produtivas, algo esquecido por essa última. Da direita liberal, por sua vez, diferencia-se por ser sempre mais radical na defesa da melhor distribuição de renda, aceitando inclusive algum sacrifício de crescimento para sua promoção, desde que esse seja dentro de limites. Ou seja, para compreender exatamente como a esquerda se separa da direita liberal, e não a jogar em lugar comum com a esquerda retrógrada, é importante que se defina que sacrifício de crescimento seria razoável para promover a distribuição de renda.

Também foi visto no capítulo anterior que há três origens principais para as diferenças de renda entre dois indivíduos quaisquer. Inicialmente, podem ter cargas genéticas distintas, que definam níveis diferentes de inteligência e habilidades físicas, que podem ser utilizadas com resultados variados em termos de produtividade. Uma segunda fonte de diferenças advém de seus ambientes sociais, o que inclui relações familiares, motivações e infraestruturas de serviços de desenvolvimento pessoal distintas. Herança e desenvolvimento pessoal por meio de acesso e incentivo à educação são geradores de diferenças de rendas a partir dessa origem. A terceira fonte de diferenciação de renda são as histórias individuais. Às vezes, fatos específicos mudam as histórias dos indivíduos. Alguns deles originários de casualidades, como conhecer alguém que fala algo marcante ou desempenho em uma prova específica.

Além dessas três origens principais, ainda é possível que dois indivíduos com cargas genéticas semelhantes, ambientes sociais parecidos e histórias de vida também similares possam, até um certo momento, ter rendas bem distintas, se a partir desse momento, decidirem ter dedicações diferentes ao trabalho socialmente produtivo, ou rentável.[1] Ou seja, mesmo com coincidências nas principais origens de distinção de rendas individuais, o esforço pode ter um papel decisivo. E, de forma mais geral, esse componente pode ser incluído nas histórias individuais, mas merece destaque porque a maioria das ideologias de esquerda defenderiam que dois indivíduos iguais em quase tudo, porém com níveis distintos de esforços, deveriam ter rendas diferentes, que deveriam ser proporcionais a seus esforços individuais. Então, a igualdade de renda, apesar de ser o foco da esquerda, não é definida em seu conceito mais restrito. Está condicionada a outros determinantes socialmente relevantes.

Este capítulo explora mais as diferenças entre rendas individuais que são defendidas ou toleradas pela esquerda. Na próxima seção, discute-se com mais detalhes os fundamentos ontológicos das desigualdades de renda, enquanto a seção seguinte aborda a relação da esquerda com a ineficiência econômica, tratando de um assunto que comumente faz com que os liberais critiquem a esquerda. A seção posterior retorna ao tema desigualdade e crescimento, que foi discutido no capítulo anterior,

---

1   Em algumas sociedades, a correlação positiva entre produtividade e rentabilidade pode não ser muito elevada. Daí a necessidade de ênfase nos dois aspectos.

Fundamentos Ontológicos das Desigualdades

mas agora com novos aprofundamentos analíticos. Depois, discute-se a relação entre a igualdade de oportunidades e a desigualdade de renda, algo muito importante nos embates ideológicos entre os liberais de direita e a esquerda. A última seção apresenta as principais conclusões do capítulo e alguns comentários adicionais.

Fundamentos Ontológicos das Desigualdades

As várias filosofias sociais sempre partem de algumas suposições básicas sobre a natureza humana. Algumas delas fazem isso de modo explícito, mas a maioria as introduz sub-repticiamente. Muitas das conclusões, contudo, são derivadas dessas suposições iniciais. Jean Jaques Rousseau, por exemplo, apresenta-as de forma explícita quando define o ser humano como naturalmente bom, sem agressividade direcionada aos demais, mas também com tendência à vida isolada, que seria violada apenas em decorrência dos desejos associados à reprodução, que levariam ao contato com os demais.[2] Entretanto, um contrato social que possa vir a aumentar seu bem-estar poderia mudar essa condição de isolamento originalmente desejável.

Immanuel Kant estende um pouco esse conceito, argumentando que o ser humano tem propensão à indolência e tende a viver isoladamente para não tolher sua liberdade. Mas também acredita que eles foram feitos pela natureza com ambição, avareza, vaidade e busca pela distinção entre seus pares. A contradição entre esses sentimentos distintos seria a base da história e evolução de regras para a convivência.[3] De forma distinta, Thomas Hobbes coloca os homens como naturalmente inimigos entre si e agressivos uns com os outros, gerando um estado de medo contínuo e perigo de morte violenta, enquanto não surge um estado forte para coibir os instintos agressivos.[4]

Outros veem o ser humano como criação de um ser superior e em processo contínuo de aprimoramento para convergir a um estado ideal, em que ele se aproxima do que seria um ser dominado pela razão, como o fez Hegel.[5] Nesse tipo de visão, o ser humano às vezes é visto como tendo sido criado para ser bom, fraterno com

---

2   Ver Rousseau (1755 e 1762).

3   Ver Kant (1784)

4   Hobbes (1651).

5   Ver Hegel (2001), originalmente publicado em 1837.

os demais, mas com o direito ao livre-arbítrio e, por tal, capaz de ser dominado parcialmente pelo mau, podendo cometer perversidades com os demais. Essa é a base da maioria das doutrinas religiosas. Entretanto, às vezes, ele é visto como naturalmente perverso com seus semelhantes, como na visão de Hobbes.

A visão da natureza intrínseca do ser humano influencia as diversas filosofias sociais. Duas são as questões essenciais quanto a essa natureza humana que impactam nessas últimas de maneira substancial. A primeira diz respeito a quanto dos atributos individuais originais são herdados de sua composição biológica, e por isso são inatos ao indivíduo, e quanto é formado a partir de suas interações sociais. A segunda é como esses atributos conduzem ao papel de cada indivíduo na sociedade e ao seu usufruto da produção social. Essas serão preocupações tratadas aqui.

Normalmente, toda filosofia social aceita a ideia de que todos os indivíduos são diferentes entre si. Alguns têm raciocínio lógico mais aguçado, enquanto outros possuem maior sensibilidade para alguns tipos de artes, por exemplo, e outros maiores aptidões físicas. Uns são mais pacientes, outros são mais agitados. Ou seja, haveria aptidões inatas diferentes para os diversos indivíduos. Obviamente, distinções geradas pelas histórias individuais são adicionadas às aptidões ou até mesmo aguçadas pelas formações individuais, mas haveria diferenças de atributos que os indivíduos já trazem consigo desde o nascimento.

Os atributos individuais nos tornam capazes de gerar rendas, sejam os produtos desses atributos intermediados pelo mercado ou não. Isso ocorre quando eles são empregados em atividades produtivas. Caso não haja intermediação de mercado, essa renda é definida como uma cesta de bens e serviços adquiridos a partir da contribuição produtiva gerada por meio dos atributos, em geral como resultado de um esforço produtivo. Caso o mercado intermedeie a relação entre atributos e o esforço gerado a partir de suas utilizações produtivas e a renda obtida, essa última pode ser definida a partir de uma medida universal de valor, que em sociedades modernas é mensurada por meio de uma unidade monetária.

Para se compreender com mais clareza essas ideias e seu papel para identificar o pensamento de esquerda, é possível definir um conjunto de atributos possíveis para um indivíduo. Esse conjunto pode ser chamado de Ω e inclui todos os potenciais atributos individuais, sejam eles inatos ou adquiridos pela história e circunstâncias de vida. Alguns deles, inclusive, sequer são intrínsecos aos indivíduos, como nacionalidade e estoque de riqueza.

Obviamente, incluem-se nesse conjunto os atributos físicos, como altura e cor da pele, entre vários outros. Pode-se definir um subconjunto de Ω que inclui apenas os atributos físicos como Ω_F. Assim, $\Omega_F \subset \Omega$, mas $\Omega \not\subset \Omega_F$, ou, mais informalmente, todos os elementos de Ω_F estão contidos em Ω, mas o contrário não é verdadeiro. Além deles, há também os atributos de personalidade, como honestidade, paciência e dedicação ao trabalho. Alguns deles são produto de uma escolha individual racional de postura social, como todos os exemplos citados, enquanto outros são inerentes à personalidade, como simpatia e capacidade de sedução. É claro que esses últimos também estão sujeitos a algum nível de escolha individual, mas são muito comumente adquiridos sem esforço ou busca individual. Há uma propensão inata nos indivíduos à aquisição desses atributos. Um subconjunto de Ω que inclui todos esses atributos de personalidade pode ser chamado de Ω_P. Há, ainda, atributos que são adquiridos de forma deliberada, com o objetivo de se tornar produtivamente mais eficiente, como capital humano e disciplina. Pode-se definir um subconjunto de Ω que inclui todos esses atributos e chamá-lo de Ω_H.

É possível também definir um quarto subconjunto de Ω que inclui os atributos individuais que são definidos na relação com os demais indivíduos, tais como liderança social, respeitabilidade e credibilidade. Essas não são características intrínsecas aos indivíduos, já que eles podem mudar de modo substancial seus níveis ao serem deslocados para outro ambiente social. Quando são produtivamente utilizados, esses atributos são chamados, na literatura econômica, de capital social.[6] Esse subconjunto de atributos será aqui denominado de Ω_S.

Os indivíduos possuem ainda outro subconjunto de atributos que são definidos em sua relação com a sociedade e não são intrínsecos, mas atrelados a eles e legitimados nas relações sociais. Particularmente relevante para os argumentos a seguir é o estoque de riqueza do indivíduo, tenha sido ele adquirido por herança, acumulado a partir de poupança anterior ou mesmo saque. O subconjunto de Ω contendo esses atributos será chamado aqui de Ω_W. Note que o capital humano do

---

6   Ver, por exemplo, Durlauf e Fafchamps (2006).

indivíduo não é incluído nesse conjunto, já que ele se torna intrínseco ao indivíduo, o que não ocorre com esses atributos que dependem das relações sociais. Como consequência, esses últimos podem ser alvo de expropriação.

Com todas essas definições, pode-se dizer que $\Omega = \Omega_F + \Omega_P + \Omega_H + \Omega_S + \Omega_W$. Talvez seja arriscado tentar introduzir a hipótese de que a intersecção entre quaisquer dois dos subconjuntos que aparecem do lado direito dessa igualdade seja nula, pois alguns elementos podem estar contidos em mais de um deles. Mas certamente é possível assumir que qualquer uma dessas interseções seja muita pequena, pois o que se tentou fazer foi criar subconjuntos que assegurem que os diversos tipos de atributos estejam incluídos em um deles. Ou seja, os subconjuntos foram criados para que fossem incluídas todas as dimensões dos atributos individuais com potencial de geração de renda.

Esses atributos podem ser divididos em três grupos fundamentais: (i) genéticos, (ii) sociais e (iii) histórico-individuais. Os primeiros são todos intrínsecos aos indivíduos, herdados a partir de sua carga genética. Inclui-se aí uma boa parte dos contidos em Ω_F e uma parte menor dos contidos em Ω_P. Os sociais são aqueles adquiridos a partir do ambiente social em que os indivíduos vivem, sendo uma parte intrínseca e outra extrínseca. A herança recebida de parentes, por exemplo, é extrínseca, enquanto a propensão à liderança é intrínseca. Inclui a maior parte dos atributos contidos em Ω_S e Ω_W, mas também alguns que fazem parte dos conjuntos Ω_H e Ω_P. Os atributos históricos individuais são aqueles que o indivíduo adquire ao longo da vida, sendo parte por decisão própria e parte por casualidades. Pais migrarem para uma vizinhança que possui um bom colégio é uma casualidade que pode afetar o estoque de capital humano de um indivíduo, mesmo que não tenha sido por decisão dele. Estudar horas a mais do que a média de seus colegas, por sua vez, constitui uma acumulação de capital humano por decisão própria. Esse terceiro conjunto de atributos inclui boa parte de Ω_H e Ω_S, mas tem atributos em todos os subconjuntos apresentados.

Com esses conceitos, um indivíduo i qualquer pode ser definido como um conjunto ϕ_i de atributos específicos entre os possíveis contidos em Ω. Inclusive, para um mesmo tipo de atributo, como cor de olhos, o indivíduo i só possui uma delas, enquanto Ω inclui todas as possíveis revelações daquele tipo de atributo específico.

Os atributos do indivíduo i, assim como os contidos em Ω, também podem ser classificados nos subconjuntos (i) genéticos, (ii) sociais e (iii) históricos individuais. Cada indivíduo possui atributos genéticos, alguns adquiridos ou herdados por consequência de sua inserção social, e outros adquiridos por sua história de vida.

Os atributos genéticos, sociais e histórico-individuais podem ser divididos em dois subconjuntos. Os adquiridos e os herdados. Todo atributo é herdado ou adquirido. Obviamente, alguns combinam os dois. São compostos por empenho individual, mas são construídos a partir de uma herança que já favorece. Força física é um exemplo. A carga genética individual gera uma propensão, porém, se o indivíduo a trabalha com exercícios físicos, leva-a para outro patamar. O mesmo acontece com a capacidade de desenvolver raciocínio lógico. Voltaremos a esse problema mais adiante. Por ora, vamos compor outras ideias que ajudarão a compreender esse problema e definir dois conjuntos de atributos, os herdados e os adquiridos. Nesse contexto, o conjunto ϕ_i para cada indivíduo pode ser dividido em dois subconjuntos: ϕ_{hi} e ϕ_{ai}, que incluem os atributos herdados e os adquiridos, respectivamente. Por definição: $\phi_i = \phi_{hi} + \phi_{ai}$.

Os atributos obtidos ao longo da vida podem, a priori, ser divididos entre os que demandam esforço para tal e os que são obtidos sem esforço. Heranças, premiações em loterias ou valorização de ativos financeiros ou físicos, por exemplo, são obtidos sem esforço individual, mesmo que sejam adquiridos ao longo da vida. Esses atributos serão todos considerados como herdados, mesmo que não sejam adquiridos a partir do que seria o sentido mais rigoroso de herança. Os atributos efetivamente adquiridos, no sentido utilizado aqui, são aqueles que envolveram esforço individual para sua obtenção.

Os atributos adquiridos e herdados são utilizados pelos indivíduos para gerar renda a partir de uma função que, de forma simplificada, pode ser definida como:

$$Y = Q\, A^{\beta}\, H^{1-\beta} \qquad\qquad (1)$$

Onde β é um parâmetro tal que $0 < \beta < 1$, e A e H são os atributos adquiridos e herdados, respectivamente, agora com uma mensuração quantitativa a partir de sua capacidade de gerar renda, Y é a renda permanente do indivíduo e Q é uma medida de esforço dele na transformação dos atributos em renda permanente.

Para facilitar, suponha que os diversos atributos adquiridos e herdados podem ser mensurados em uma única métrica que mede a capacidade de gerar renda. Assim, todos os atributos adquiridos A seriam combinados da melhor forma possível para gerar uma variável definida nos números reais positivos, cuja ordenação assegura uma relação crescente com a capacidade de gerar renda. A combinação dos atributos herdados seria feita da mesma maneira, gerando H.[7]

Na verdade, essa equação poderia incluir algo como um P_A e um P_H que converteriam atributos individuais em renda. Seriam medidas que embutiriam a eficiência dos atributos, assim como a capacidade de impactar a renda permanente Y. Entretanto, as unidades são redefinidas de forma que $P_A = P_H = 1$. A renda geralmente é mensurada em unidade monetária ou produto, enquanto os atributos são mensurados em unidades físicas diferentes, dependendo de sua natureza específica.

Como aqui a representação de apenas dois atributos é muito simplificadora, não será atribuída uma unidade a eles e suponhamos que são definidos no conjunto dos números reais não negativos, o que também não é verdade para todos os atributos, pois alguns são essencialmente qualitativos e por isso definidos em um conjunto restrito com as opções 0 ou 1. A cor dos olhos, por exemplo, é um desses atributos. Esse problema, contudo, será menosprezado para facilitar a exposição.

A função tipo Cobb-Douglas utilizada na equação (1) tem como objetivo gerar uma relação linear em seu logaritmo natural e com isso simplificar a exposição a seguir. Porém, ela tem implicações específicas. Uma delas é a elasticidade de substituição constante entre os dois tipos de atributos, além do fato de que a derivada de Y em relação a qualquer uma das variáveis depende do valor da outra variável. Essa seria uma relação menos intuitiva. Entretanto, tomando-se o logaritmo natural dos dois lados da equação (1) e utilizando letras minúsculas para representar o logaritmo natural das variáveis representadas em letra maiúscula, obtém-se:

$$y = q + \beta a + (1 - \beta) h \qquad (1')$$

---

7 A combinação assumida aqui não é trivial nem necessariamente possível. Mas, por simplicidade, vai se assumir que é factível, sem maiores detalhamentos das condições necessárias para que isso seja verdadeiro.

Uma representação alternativa é considerar os logaritmos naturais na equação (1') como se fossem as variáveis em níveis. Nesse caso, essa dependência da derivada em relação a uma variável do outro tipo de atributo não mais existirá. A partir das definições apontadas até aqui, pode se definir a variância de y como:

$$var(y)=var(q)+\beta^2 var(a)+(1-\beta)^2 var(h)+2\beta cov(q,a)$$
$$+2(1-\beta)cov(q,h)+2\beta(1-\beta)cov(a,h) \qquad (2)$$

Onde cov(.) representa a covariância das duas variáveis incluídas entre parênteses e var(.) representa a variância da variável entre parênteses. A equação (2) pode ser dividida em dois componentes:

$$var(y_{aq})=var(q)+\beta^2 var(a)+2\beta cov(q,a) \qquad (2')$$

e

$$var(y_h)=(1-\beta)^2 var(h)+2(1-\beta)cov(q,h)+2\beta(1-\beta)cov(a,h) \qquad (2'')$$

O componente var(y_{aq}) não possui variâncias ou covariâncias que envolvem atributos herdados, enquanto o componente var(y_h) possui apenas termos que incluem o atributo herdado. Não há razão para que nenhuma das covariâncias seja nula. A cov(q,a) deve ser positiva, já que o esforço despendido na aquisição de atributos e na geração de renda tende a ser positivamente correlacionado no tempo. Por consequência, esforços passados levam a maior acumulação de atributos adquiridos, assim como a maior esforço hoje, indicado por q. A cov(q,h) deve ser negativa, pois pessoas com maior herança tendem a se esforçar menos, já que esforço gera desutilidade, por conseguinte maior estoque de riqueza deveria gerar menos esforço, em uma visão utilitarista embutida na Teoria do Consumidor em Economia. A cov(a,h), por sua vez, deve ser positiva, pois indivíduos que herdam maior capacidade de gerar renda provavelmente acumulam mais ativos e até mesmo outros atributos capazes de gerar mais renda, como educação de qualidade, por exemplo.

A partir de (2), (2') e (2"), é óbvio que:

$$var(y)=var\left(y_{aq}\right)+var\left(y_h\right)$$ (3)

Com esses conceitos, pode-se introduzir um atributo adicional às ideologias de esquerda:

Suposição 1: Ideologias políticas de esquerda buscam organizar as instituições, normas e valores em uma sociedade de tal forma que minimizem o papel da var(y_h) na determinação de var(y).

Ou seja, o pensamento de esquerda defende que as diferenças de renda existentes em uma sociedade dependam mais do esforço individual e dos atributos adquiridos ao longo da vida a partir do esforço individual. O papel do que foi herdado ou adquirido sem esforço pessoal deve se limitar ao mínimo possível.

Essa suposição, porém, não esclarece duas preocupações importantes. A primeira é que não diz nada sobre var(q) e var(a), e algumas posições de esquerda mais radicais estendem sua busca de redução da desigualdade de uma forma geral, ou seja, visam reduzir var(y), independentemente de sua origem. Por conseguinte, almejam instituições que também reduzam var(q) e var(a). A segunda preocupação é que ela não considera uma relação importante. É possível que a dispersão da renda decorrente da dispersão dos esforços individuais ou atributos adquiridos afete a renda permanente média ou a de seu logaritmo natural $\bar{y}$. Com isso, é possível que reduções de var(q) e var(a) levem a reduções em $\bar{y}$. Diante dessas críticas, pode-se definir uma variável W, definida a partir da seguinte equação:

$$W=\lambda_1\,\dot{y}-\lambda_2\,var\left(y_{aq}\right)-\lambda_3\,var\left(y_h\right)$$ (4)

Essa equação define uma função de bem-estar (*welfare*) que depende da renda permanente média, da variância da renda permanente advinda dos atributos adquiridos e dos esforços individuais, assim como da variância oriunda dos atributos herdados. Nessa equação, $\lambda_1>0$, pois o bem-estar cresce com a renda permanente média. Da mesma forma, λ_2 e λ_3 são positivos, pois o bem-estar, em uma visão de esquerda, cai quando a desigualdade de renda cresce. Entretanto, $\lambda_2 < \lambda_3$, porque a desigualdade advinda de atributos herdados é mais condenável em uma visão de esquerda.

Quanto mais igualitária for uma ideologia de esquerda, maior serão os valores de λ_2 e λ_3 em proporção a λ_1. Ou seja, as ideologias mais radicais de esquerda defendem mais igualdade, mesmo que isso seja obtido em detrimento da renda permanente. Mas, para ver essa relação de forma ainda mais precisa, vale definir $\bar{y}$ como uma função de σ_{aq} e σ_h, de modo que $\sigma_{aq} = var(y_{aq})$ e $\sigma_h = var(y_h)$:

$$\acute{y} = B + f\left(\sigma_{aq}, \sigma_h\right) \qquad (5)$$

Onde f(.) é uma função dos argumentos entre parênteses, de maneira que $f_1(.)$ é a primeira derivada da função em relação ao seu primeiro argumento e $f_2(.)$ é essa mesma derivada, mas em relação ao segundo argumento da função. Como visto no capítulo anterior, mais desigualdade aumenta a renda permanente por causa da propensão mais elevada a consumir por parte dos indivíduos mais pobres. Consequentemente, $f_1(\sigma_{aq}, \sigma_h) > 0$ e $f_2(\sigma_{aq}, \sigma_h) > 0$. Além disso, $f(0, 0) = 0$ e a renda permanente média esperada nesse caso é igual a B, que é definido a partir dos estoques de ativos e fatores de produção médios utilizados, com a produtividade estabelecida também pelas instituições vigentes e suas perspectivas de mudança futura. Assim, B>0, sempre. Para assegurar a existência de um ótimo para W, pode-se supor que $f_1(\sigma_{aq}, \sigma_h) > 0$ e $f_2(\sigma_{aq}, \sigma_h) > 0$ quando σ_{aq} e σ_h convergem para 0, respectivamente. Ainda seguindo os argumentos do capítulo anterior, $f_{11}(\sigma_{aq}, \sigma_h) < 0$ e $f_{22}(\sigma_{aq}, \sigma_h) < 0$.

Substituindo-se a equação (5) na equação (4), obtém-se a condição de primeira ordem para o máximo:

$$\frac{\partial W}{\partial \sigma_{aq}} = \lambda_1 f_1\left(\sigma_{aq}, \sigma_h\right) - \lambda_2 = 0 \qquad (6)$$

e

$$\frac{\partial W}{\partial \sigma_{aq}} = \lambda_1 f_2\left(\sigma_{aq}, \sigma_h\right) - \lambda_3 = 0 \qquad (7)$$

Ou

$$f_1(\sigma_{aq}, \sigma_h) = \frac{\lambda_2}{\lambda_1} \qquad (6')$$

e

$$f_2(\sigma_{aq}, \sigma_h) = \frac{\lambda_3}{\lambda_1} \qquad (7')$$

Sendo $f_{11} < 0$ e $f_{22} < 0$, todas as vezes que λ_2 ou λ_3 aumentarem em relação a λ_1, σ_{aq} e σ_h terão que diminuir para as equações (6') e (7') permanecerem válidas. Consequentemente, quanto mais radical de esquerda for a ideologia (maiores λ_2 e λ_3), menor terá que ser a dispersão das rendas permanentes, mesmo considerando a relação entre $\bar{y}$ e σ_{aq} e σ_h.

As posições de esquerda sempre tendem a assumir que a proporção entre λ_3 e λ_2 é elevada. Ou seja, a função "bem-estar" da ideologia defende que a variância de renda obtida por atributos herdados deve ser mais fortemente reduzida para promover o bem-estar, como já dito. No caso mais radical, essa proporção pode chegar a infinito. Entretanto, vale observar que a possibilidade de deixar herança também leva os indivíduos a se esforçarem mais para acumular riqueza. Por isso, se λ_3 convergir para infinito, a queda de renda pode ser muito elevada e reduzir demais a renda permanente média, provavelmente gerando ineficiências desnecessárias na economia. Entretanto, as desigualdades advindas de atributos herdados sempre tendem a ser a mais condenadas pelas ideologias de esquerda.

Composição de Atributos e Esforço

A equação (1) partiu do pressuposto de que o esforço e demais tipos de atributos (A e H) são separáveis. Mas isso, ao que parece, não é totalmente verdadeiro, pois viu-se que atributos adquiridos podem depender de alguns outros herdados no passado, além do esforço despendido para acumulação desses atributos. A massa muscular foi citada como exemplo. Beleza física e até mesmo inteligência poderiam ser outros exemplos, entre tantos possíveis. Por isso, vale tecer alguns comentários que melhor definiriam a estrutura da equação (1).

A possibilidade de entrelaçamento dos atributos torna-se ainda mais verdadeira quando se percebe que a evolução de qualquer atributo depende das evoluções passadas das rendas dos indivíduos, pois parte do que é gerado é consumido, mas outra porção é utilizada para agregar atributos, sejam eles extrínsecos, como estoque de ativos financeiros e físicos (bens de capital), ou intrínsecos, como cuidados com beleza, acumulação de capital humano, relacionamentos para formação de capital social etc. Ou seja, os níveis dos atributos de hoje dependem do que eles foram no passado, incluindo o esforço desprendido na utilização produtiva deles. Portanto, os valores de A, H e Q hoje dependem de seus valores passados.

Vale salientar que até o esforço está sujeito a essa dependência intertemporal. A velocidade de acúmulo de atributos no passado e a prática de esforço construída também definem o nível de esforço hoje. Quanto mais atributos acumulados, menor tenderá a ser o esforço no presente, pois o ser humano tende a buscar manter certo nível de consumo, como preconiza a teoria da renda permanente de Friedman. No entanto, quanto maior o esforço no passado, maior tende a ser o esforço hoje, pois as pessoas se acostumam com determinado nível de esforço e tendem a mantê-lo ao longo do tempo.

Todos esses comentários não eliminam a possibilidade de separação dos atributos como introduzida na equação (1). Essa separação ainda continuará existindo se as relações dos atributos correntes com os atributos passados forem matematicamente separáveis. Se as funções forem do tipo:

$$x_t = \sum_{i=0}^{n} A_i x_{t-i} \qquad (8)$$

Onde x_t é um vetor contendo o logaritmo natural dos três atributos (A, H e Q) no período t. A partir dessa equação, o valor atual do logaritmo natural dos três atributos seria uma função dos valores passados deles. A substituição dessa equação na equação (1') ainda permitiria separar todos os atributos relativos a esforço (q_t, q_{t-1}, ...), os adquiridos (a_t, a_{t-1}, ...) e os herdados (h_t, h_{t-1}, ...). Ou seja, essa dependência passada ainda permite a agregação como foi feita nas equações (1) e (1'), desde que a representação matemática da dependência intertemporal dos atributos tenha forma matematicamente separável, como a representada na equação (8).

Os atributos herdados, por definição, são estabelecidos a partir de seus valores passados e de novas inserções no conjunto de atributos individuais, mas que são introduzidas sem o esforço individual. Dessa forma, podem ser considerados como exógenos nessa equação. Assim, pode-se definir esses atributos como:

$$h_t = \mu h_{t-1} + \sum_{i=0}^{n} \delta_i h'_{t-i} \qquad (9)$$

Onde h'_{t-i} são novas inserções de atributos herdados, exogenamente introduzidos. Do mesmo modo, o esforço despendido hoje possui um componente autônomo, que é definido a partir de atitude no presente. Por isso, pode-se definir o esforço como:

$$q_t = q'_0 + \sum_{i=0}^{n} \rho_i x_{t-i} \qquad (10)$$

Onde ρ_i são vetores 1x3 e o termo da terceira coluna de ρ_0 é igual a zero. Nessa equação, q'_0 é uma inovação autônoma que representa o componente exógeno de esforço hoje, sendo que os demais determinantes dependem das três variáveis incluídas no vetor x, no passado ou no presente, no caso de h_t e a_t. Genericamente, é possível dizer que o esforço hoje depende de valores passados e presentes dos diversos atributos e dos esforços passados, mais uma inovação que resulta de decisões hoje.

Nesse contexto, os atributos adquiridos podem ser representados como sendo determinados a partir de valores passados e presentes de q' e h'. Ou seja, é possível definir uma relação da seguinte forma:

$$a_t = \sum_{i=0}^{n} \varphi_{1i} q'_{t-i} + \sum_{i=0}^{n} \varphi_{2i} h'_{t-i} \qquad (11)$$

Ou seja, não há componente autônomo que não seja esforço ou herança na determinação do nível de atributos adquiridos. Essa conclusão será importante para os argumentos a seguir.

INEFICIÊNCIA E ESQUERDA

Na equação (5), B>0 porque mesmo com plena igualdade de renda ainda haveria uma renda permanente média positiva. A simples aplicação dos recursos disponíveis na sociedade asseguram esse fato. Entretanto, B não é constante em uma sociedade, nem independente dos valores, normas e instituições vigentes, além das próprias políticas econômicas e sociais implementadas. Ao contrário, pode mudar bastante a partir desses determinantes. Obviamente, a acumulação de fatores de produção e a variação da produtividade também podem alterar muito B ao longo do tempo. Ou seja, B incorpora determinantes da renda que não dependem da distribuição da mesma, que certamente correspondem a seu maior componente.

Entretanto, nos desenvolvimentos da seção anterior, sempre se supôs que a economia se encontrava em seu nível de eficiência devido à atuação das forças de mercado sob concorrência perfeita e informação perfeita, sem amarras geradas por instituições, normas e valores adversos. Sabe-se que além da existência de informação imperfeita, rendimentos crescentes de escala, externalidades e mercados incompletos, as instituições, normas, valores e a política econômica retiram a economia de seu estado de maior eficiência em equilíbrio competitivo. Ainda assim, o bom funcionamento dos mercados leva a um nível razoável de eficiência, por seu papel relevante em arbitrar conflitos, gerar informações e definir a alocação de recursos, independentemente de vontades individuais, mesmo quando há as distorções do equilíbrio geral que foram mencionadas. As instituições, valores e normas, além da atuação do setor público, por sua vez, alteram bastante esse nível de eficiência, podendo reduzi-lo substancialmente. Por conseguinte, as instituições, os valores e as normas sociais que prevalecem tendem a afetar bastante o nível de eficiência. Por isso, podem alterar B razoavelmente na equação (5).

As equações (6') e (7') juntas definem os níveis desejados de σ_{aq} e σ_h, para λ_1, λ_2 e λ_3, cujos valores específicos são exogenamente definidos pela ideologia em particular. Vale observar que esses valores desejados de σ_{aq} e σ_h não dependem de B. Logo, se a ideologia de esquerda específica definir níveis ótimos de σ_{aq} e σ_h, a partir de suas escolhas de λ_1, λ_2 e λ_3, esses valores podem coexistir com níveis diferentes de $\bar{y}$, e consequentemente de W (bem-estar). Se as políticas e instituições para se convergir para os valores escolhidos de σ_{aq} e σ_h forem ineficientes, pode-se atingir um nível de $\bar{y}$ bem aquém do potencial. Na figura 4 do capítulo 2, isso significaria a sociedade se posicionar em pontos interiores, como o ponto B.

Para um dado σ_{aq} ou σ_h, é possível desenhar as duas funções que compõem a equação (4) juntas em um eixo cartesiano. Mais especificamente, pode-se substituir a equação (5) na equação (4), obtendo-se:

$$W = \lambda_1 \left[B + f\left(\sigma_{aq}, \sigma_h \right) \right] - \lambda_2 \, var\left(y_{aq} \right) - \lambda_3 \, var\left(y_h \right) \qquad (\; 4' \;)$$

Com $\lambda_3 = 0$ e fixando-se o valor de σ_h para reduzir a equação (4') a duas dimensões apenas, pode-se dividir o seu lado direito em duas funções $W_1 = \lambda_1[B + f(\sigma_{aq}, \sigma_h)]$ e $W_2 = \lambda_2\sigma_{aq}$. Elas podem ser colocadas no mesmo gráfico, como na figura 1. Se σ_{aq}* for a variância de máximo para esses componentes, é possível ver que, com dois níveis de B, representados por B_0 e B_1, os patamares de $W_1 = \lambda_1[B + f(\sigma_{aq}, \sigma_h)]$ são diferentes nos dois casos. Como $W_2 = \lambda_2\sigma_{aq}$ é igual, logo a diferença dos dois componentes que geram W será diferente para os dois níveis diferentes de B, embora o valor σ_{aq}* do máximo fique inalterado. No caso, instituições, valores e normas, além de políticas econômicas que gerem B_1 em vez de B_0, põem a economia em um ponto interior na figura 4 do capítulo 1. Uma ideologia de esquerda que gere B_1 em vez de B_0 será relativamente mais ineficiente do que essa segunda.

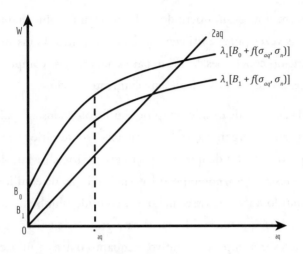

Figura 1: Funções que compõem o bem-estar

Mais Comentários Sobre Desigualdade e Crescimento

Há uma vasta literatura acadêmica recente em economia sobre desigualdade de renda entre indivíduos e crescimento econômico. Há abordagens tanto empíricas quanto teóricas acerca do assunto. Empiricamente, as conclusões são que a desigualdade afeta o crescimento de longo prazo, mas podendo ter impacto positivo ou negativo, dependendo do nível de desenvolvimento do país e de seu momento histórico específico. Essa conclusão é compatível com as discussões do capítulo anterior, em que a renda permanente, como definida, é positivamente correlacionada ao crescimento econômico futuro do país, além de possíveis impactos positivos e negativos na melhoria de distribuição da renda permanente, dependendo do ponto em que o país se encontra no que diz respeito à curva de relação eficiente entre coeficiente de Gini e renda permanente média.

Estudos longitudinais com dados de vários países concluíram, inicialmente, que há um efeito negativo da desigualdade no crescimento.[8] Ou seja, quanto maior a desigualdade, menor o crescimento de longo prazo nas economias. Apesar desse resultado predominar nessa primeira geração de estudos, surgiram controvérsias, também se utilizando de métodos longitudinais em que dados para vários países

---

[8] Estudos clássicos com esse tipo de conclusão foram apresentados por Alesina e Rodrik (1994) e Persson e Tabelini (1994). Ver Benabou (1996 e 2000) para revisões dessa literatura.

eram utilizados em um mesmo período.[9] Alguns estudos obtinham conclusões diferentes, muitas vezes porque utilizavam dados distintos. Consequentemente, surgiram as primeiras conclusões de que os países poderiam se comportar de forma diversa, dependendo de seu nível de desenvolvimento prévio.

Uma segunda geração de estudos empíricos utilizou dados em painel, que foram possíveis a partir da organização de informações sobre vários anos e países. A conclusão que prevaleceu foi de que o impacto era positivo.[10] Mais desigualdade incrementaria o crescimento, como postulado pela relação de equilíbrio eficiente discutida no capítulo anterior. Esses métodos, contudo, também vieram a concluir, em alguns casos, que havia diferenças para grupos de países. Alguns desses grupos poderiam levar a impacto negativo, enquanto outros a impacto positivo. Normalmente, países mais ricos geravam impacto negativo enquanto os mais pobres se deparavam com uma relação negativa.[11] Várias críticas foram feitas aos estudos por causa das limitações dos métodos para obter essas conclusões diante da existência de causalidade inversa entre as variáveis relevantes, além de outros problemas estatísticos.[12]

A partir da identificação dessas limitações metodológicas, surgiu uma terceira geração de estudos com base em métodos ainda mais sofisticados, que vão desde a utilização de sistema de métodos dos momentos generalizados (S-GMM) até autorregressões vetoriais com dados em painel, frequentemente com a utilização de variáveis instrumentais. A conclusão principal desses estudos foi de que a relação é inversa. Mais desigualdade reduziria o crescimento. Entretanto, alguns estudos também apontaram que poderia haver diferenças de impacto por grupo de países, em geral os mais ricos com impacto positivo da desigualdade no crescimento, enquanto nos países mais pobres o impacto negativo prevalecia.[13]

---

9   Ver, por exemplo, Banerjee e Duflo (2003) e Benabou (1996).

10 Ver, por exemplo, Forbes (2000).

11 Ver Barro (2000).

12 Ver Grigoli, Paredes e di Bella (2016) para uma revisão dessa literatura.

13 Ver Grigoli, Paredes e Di Bella (2016) e Kraay (2015) para estudos nessa nova geração e revisões da literatura.

Com os conceitos utilizados nas páginas anteriores, pode-se imaginar que os países mais ricos tendem a ter instituições que assegurem maior eficiência no funcionamento dos mercados e por isso tendem a estar mais próximos da curva que captura o limite potencial entre desigualdade e renda permanente, que foi apresentada no capítulo anterior. Da mesma forma, os países mais pobres estariam mais comumente dentro dos limites estabelecidos e mais longe da curva de máximo potencial. Com isso, haveria maior probabilidade de a maior desigualdade reduzir o crescimento de longo prazo.

Várias hipóteses teóricas para explicar tanto a possibilidade de uma relação positiva entre crescimento e melhor distribuição de renda como a da existência de comportamentos diferenciados entre grupos de países foram apresentadas pela literatura econômica. Os principais argumentos apresentados para a relação negativa entre maior concentração e crescimento econômico são de que mais desigualda-de reduz a estabilidade institucional e os consensos sociais por maior eficiência institucional (impostos são menos pró-crescimento, por exemplo), podendo gerar maiores perspectivas de impostos futuros, reduzindo investimentos, além de afe-tarem negativamente os investimentos em capital humano.[14]

A equação (5) relaciona a renda permanente média, que é positivamente cor-relacionada com a taxa de crescimento do PIB, com a dispersão de renda, que é também positivamente correlacionada à desigualdade de renda. Ou seja, a equação (5) preconiza que a relação entre desigualdade e crescimento é positiva, como no argumento fundamentado na relação entre propensão a poupar e renda, inicial-mente apresentado por Kaldor (1957). Algumas das teorias discutidas nessa seção chegam a conclusões diferentes, e parte dos estudos empíricos também conclui que a relação é contrária à introduzida na equação (5).

---

14 Ver, por exemplo, Alesina e Rodrik (1994) e Galor e Moav (2004). Glaeser, Scheinkman e Shleifer (2003) usam argumento parecido, apenas introduzindo a ideia de que os ricos subvertem a justiça e assim reduzem a segurança jurídica nas sociedades. Com isso, reduzem os investimentos e a alocação eficiente de recursos.

Isso significa que esses estudos introduzem a relação:

$$B = B\left(\sigma_{aq}, \sigma_h\right) \qquad\qquad (\; 12 \;)$$

Onde $B_{aq} < 0$ e $B_h < 0$ são derivadas de B em relação à variância dos atributos adquiridos ou esforço e em relação à variância dos atributos herdados, respectivamente. Na verdade, esses estudos defendem que ao menos uma dessas duas derivadas é menor do que zero. Isso criaria a possibilidade de que a desigualdade pode reduzir a renda permanente média, pois deslocaria a economia para pontos interiores (ou mais interiores) na figura 4 do capítulo anterior. Isso reduziria o crescimento do PIB quando há maior concentração de renda. Deterioração institucional levaria a essa situação.

É claro que, dependendo da forma funcional, muito provavelmente a introdução da equação (12) no sistema mudaria os níveis de equilíbrio de σ_{aq} e σ_h em relação aos anteriores, mas a lógica continua a mesma. Alguns estudos, porém, complicam um pouco mais a relação apresentada na equação (12). Por exemplo, há aqueles que postulam uma relação intertemporal mais complexa, como Banerjee e Duflo (2003), que defendem uma dependência de B de variações em σ_{aq} e σ_h, de forma que ao longo do tempo esse impacto poderia se extinguir, com efeito nulo sobre o nível de B. Ou seja, B teria uma dependência intertemporal estacionária de variações em σ_{aq} e σ_h. Esses casos, contudo, não serão tratados aqui por serem de complicação com pouca relevância para o argumento principal.

IGUALDADE DE OPORTUNIDADES E DESIGUALDADE DE RENDA ADVINDAS DE ATRIBUTOS ADQUIRIDOS

Os atributos adquiridos por um indivíduo ao longo de sua vida dependem muito de suas condições iniciais. Um mesmo indivíduo pode ter, após determinado tempo de vida, um estoque de atributos adquiridos completamente diferente do que teria se fosse submetido a condições iniciais ou atributos herdados muito distintos, como já foi argumentado. Entretanto, dois indivíduos quaisquer podem ter resultados de renda permanente bem diferentes em um determinado momento, digamos na segunda metade de vida deles, mesmo que tenham tido as mesmas condições iniciais, assim como aquelas que independem deles, que são externas a eles ao longo de suas vidas. Diferenças nos esforços individuais ao longo da vida poderiam gerar tal resultado.

Caso as condições iniciais individuais ou atributos herdados sejam os mesmos ao longo da vida, pode-se dizer que os indivíduos tiveram as mesmas oportunidades. De forma mais rigorosa, é possível combinar as equações (1'), (10) e (11) para se obter a equação:

$$y_t = \phi_0 x_0 + \sum_{i=0}^{n} \phi_{1i} q'_{t-i} + \sum_{i=0}^{n} \phi_{2i} h'_{t-i} \qquad (13)$$

Onde ϕ_0 é um vetor 1x3, ϕ_{ji} são parâmetros escalares e n é a duração da vida do indivíduo até hoje. A equação (13) postula que a renda permanente de um indivíduo qualquer em determinado momento t pode ser definida a partir de valores passados e presentes de seus esforços e atributos herdados, além de um componente inicial x_0. Obviamente, vale enfatizar de novo que tal decomposição linear e separável só é possível de ser obtida com formas funcionais específicas da dependência intertemporal definida nas equações (8), (10) e (11). Na realidade, isso provavelmente não é de todo verdadeiro, mas abdicar dessa suposição apenas complica a matemática do argumento sem adicionar nada à compreensão lógica do problema. Por isso, foram introduzidas as necessárias suposições de separabilidade das variáveis. Vale salientar, mais uma vez, que tudo que for adquirido sem envolver esforço ou sacrifício pessoal está incluído entre os atributos herdados. Nesse contexto, pode-se definir uma situação de igualdade de oportunidades para os indivíduos v e z se:

$$\phi_{v012} h_{v0} + \sum_{i=0}^{n} \phi_{v2i} h'_{vt-i} = \phi_{*012} h_{*0} + \sum_{i=0}^{n} \phi_{*2i} h'_{zt-i} \qquad (14)$$

Onde ϕ_{v012} é o parâmetro do vetor ϕ_0 para o indivíduo v na primeira e única linha desse vetor e na sua segunda coluna. ϕ_{z012} se define da mesma forma para o indivíduo z. Ou seja, haverá igualdade de oportunidades se toda a diferença de renda permanente entre dois indivíduos quaisquer puder ser atribuída apenas a seus esforços individuais ao longo de suas vidas. Ou, de outra forma, se os componentes das rendas permanentes dos indivíduos v e z determinados pelos atributos herdados são iguais, mesmo que intrinsecamente diferentes.

A partir da equação (13), é possível construir uma equação para o desvio da renda permanente de um indivíduo qualquer para o indivíduo médio na sociedade. Essa seria:

$$y_t - \dot{y}_t = \phi_0 \left(x_0 - \dot{x}_0 \right) + \sum_{i=0}^{n} \phi_{1i} \left(q'_{t-i} - \dot{q}'_{t-i} \right) + \sum_{i=0}^{n} \phi_{2i} \left(h'_{t-i} - \dot{h}'_{t-i} \right) \qquad (15)$$

A partir dessa equação, pode-se dizer que uma ideologia de esquerda defende que: $\phi_0 = 0$ e $\phi_{2i} = 0$, para todo i. Ou seja, defende que as diferenças de renda permanente média de um indivíduo em relação à média não seja determinada pelas heranças nem pelas condições iniciais de vida, mas pelo esforço individual ao longo de suas vidas. Isso significa que as ideologias de esquerda preconizam a igualdade de oportunidades.

Essa igualdade de oportunidades é, contudo, diferente daquela defendida por ideologias liberais, pois essas últimas não defendem que $\phi_{2i} = 0$, argumentam que os indivíduos devem ter direito a dispor de sua propriedade e por isso podem beneficiar seus herdeiros, proporcionando-os condições iniciais mais favoráveis. Ou seja, ideologias liberais não defendem a igualdade de oportunidades na versão mais radical da esquerda.

A igualdade de oportunidades que as ideologias liberais defendem é que todos os indivíduos tenham acesso a competir em qualquer mercado. Algo que as ideologias verdadeiramente de esquerda também defendem, apesar de algumas delas cederem aos encantos do corporativismo e, politicamente, defenderem reservas de mercado. Mas tal distorção não faz parte da lógica das ideologias de esquerda, pois distorce o ideário de igualdade de oportunidades, uma vez que os indivíduos beneficiados pelas reservas de mercado teriam rendas maiores do que os excluídos dos privilégios. Ou seja, essa distorção leva a $\phi_{2i} \neq 0$, o que fere os princípios de igualdade de oportunidades da esquerda. Isso significa que, às vezes, as reservas de mercado são introduzidas nas bandeiras políticas da esquerda apenas por oportunismos de segmentos sociais específicos, mas não são verdadeiramente de esquerda.

As diversas ideologias de esquerda, porém, defendem graus distintos para o prêmio pelo esforço individual que as instituições, normas e valores sociais devem proporcionar aos indivíduos. Mais especificamente, defendem níveis diferentes de ϕ_{1i}. Quanto menores forem ϕ_{1i} em uma determinada ideologia de esquerda, mais radical ela é. A partir da equação (15), com as suposições das ideologias de esquerda apresentadas acima, $\phi_0 = 0$ e $\phi_{2i} = 0$, pode-se obter:

$$y_t - \dot{y}_t = \sum_{i=0}^{n} \phi_{1i}\left(q'_{t-i} - \dot{q}'_{t-i}\right) \qquad (\,16\,)$$

Para simplificar, essa expressão será reformatada como:

$$y_t - \dot{y}_t = \theta_1\left(q' - \dot{q}'\right) \qquad (\,16'\,)$$

Onde θ_1 representa o papel da estrutura institucional, valores e normas sociais para determinar o impacto do esforço individual na renda permanente relativa. E $(q'-\dot{q}')$ representa a medida de desvio do esforço do indivíduo em relação ao esforço médio na sociedade. Tanto θ_1 como $(q'-\dot{q}')$ são funções dos diversos valores passados dos parâmetros e esforços individuais.

É razoável supor que $q' = g(\theta_1)$ tal que $g'(\theta_1) > 0$ e $g''(\theta_1) < 0$. Ou seja, o esforço aumenta quando a premiação por ele aumenta, mas isso acontece a taxas decrescentes porque cada vez o sacrifício de bem-estar pelo esforço é maior, se as funções utilidades tiverem as formas normalmente definidas na teoria econômica. Por consequência, $y = \theta_1 q'$ pode ser representado como:

$$y_t = \theta_1 g\left(\theta_1\right) \qquad (\,17\,)$$

Caso se defina uma função de preferência política considerando a renda permanente média e a dispersão da renda como seus argumentos, como na equação (4), será obtido:

$$W = \lambda_4 \theta_1 g\left(\theta_1\right) - \lambda_5 \theta_1^2 E\left(q' - \dot{q}'\right)^2 \qquad (\,18\,)$$

Onde $\lambda_4 > 0$ e $\lambda_5 > 0$. A condição de primeira ordem para a maximização dessa função gera:

$$\frac{\dfrac{g(\theta_1)}{\theta_1}+g'(\theta_1)}{\sigma_q+\theta_1\,\sigma_q\,\dfrac{\partial\sigma_q}{\partial\theta_1}}=\frac{2\lambda_5}{\lambda_4} \qquad\qquad (\,19\,)$$

Onde σ_q é a variância de q'. Como na segunda seção, quando mais ênfase é dada na igualdade (menor dispersão de renda), o que implica crescer λ_5, θ_1 diminui para que a proporção $g(\theta_1)/\theta_1$ aumente, assim como $g'(\theta_1)$, já que $g''(\theta_1) < 0$. Embutido nesse argumento, supõe-se que a derivada de σ_q em relação a θ_1 é muito baixa ou nula. O aumento do peso da renda gera o efeito contrário em θ_1.

Ou seja, as instituições, normas e valores sociais devem gerar maior impacto do esforço na renda quando a ideologia que os define der maior importância ao nível de equilíbrio da renda permanente. Da mesma forma, o aumento da busca pela igualdade ($\Delta\lambda_5 > 0$) leva a mudanças institucionais e em normas e valores que reduzam a dispersão de renda gerada por determinada dispersão de esforço.

Esses são os mesmos resultados da segunda seção, apenas tornando mais evidente a relação entre instituições, normas e valores no impacto que o esforço tem na renda individual. Quanto maior for a importância da renda permanente média na ideologia, mais as instituições, normas e valores deverão permitir impacto do esforço na renda permanente.

Conclusões

Comentários Adicionais

Este capítulo mostrou o papel de instituições, normas e valores sociais na determinação do equilíbrio entre distribuição de renda e renda permanente média. Na discussão da relação entre essas duas variáveis, mostrou-se que, empiricamente, esse *trade-off* pode desaparecer porque instituições, valores e normas sociais inadequados podem levar a equilíbrios interiores no plano de possibilidades definido por essas duas variáveis. Ou seja, a relação Kaldoriana definida no capítulo anterior pode não reger a dinâmica de todas as sociedades. Ineficiências podem surgir por causa de instituições, valores ou normas sociais inadequadas.

Quando tais equilíbrios ocorrerem, será sempre possível aumentar a renda permanente média sem piorar a distribuição de renda. Da mesma forma, também será possível melhorar a distribuição de renda sem reduzir o crescimento e a renda permanente média. Isso significa que as ideologias verdadeiramente de esquerda devem sempre ser favoráveis a políticas públicas que elevem a renda permanente média e a taxa de crescimento da economia, desde que não piorem a distribuição de renda. E, obviamente, sempre devem ser favoráveis a políticas que melhorem a distribuição de renda, desde que não reduzam a renda permanente média e a taxa de crescimento da economia. Quando impactarem de forma perversa a renda permanente, aí devem ser consideradas as preferências da ideologia de esquerda, que variam entre elas.

Vale salientar que não são apenas as instituições que geram essas ineficiências no equilíbrio entre renda permanente média e distribuição de renda. A prevalência de processos discriminatórios por gênero, raça ou religião são exemplos de fontes possíveis dessas ineficiências, e que não necessariamente estão consolidados nas instituições, mas podem gerar ineficiência na atividade econômica e nos equilíbrios interiores no plano delimitado pelo *trade-off* determinado no limite da eficiência econômica. Ou seja, há valores e normas sociais que não são consolidados em instituições, mas que ainda assim afetam muito o nível de eficiência de uma sociedade.

Apesar de óbvia, a afirmação de que a esquerda deve sempre preferir convergir para o equilíbrio eficiente entre distribuição de renda e renda permanente média, desde que não se piore a distribuição de renda, nem sempre pauta discursos de esquerda no Brasil e em outros países. Frequentemente, tais posições políticas são cooptadas por interesses corporativos. Discussões recentes sobre reforma da previdência no Brasil são exemplos. Propostas que melhorariam a distribuição de renda, pois diminuiriam os ganhos da elite do funcionalismo público e reduziriam o ônus de toda a população, que é principalmente pobre no Brasil, foram rechaçadas por forças políticas que se apresentam à sociedade como de esquerda. Se essas propostas de reforma tivessem impacto no crescimento, seria positivo e seguramente melhoraria a distribuição de renda. Ainda assim, vários supostos esquerdistas fizeram oposição à sua aprovação. Ou seja, tiveram suas visões cooptadas pelos interesses corporativos da elite do funcionalismo público.

É desafio da esquerda identificar situações de ineficiência e defender a melhora da estrutura institucional, de valores e normas sociais para convergir para a curva de *trade-off* entre distribuição de renda e renda permanente média. Combate ao racismo, discriminação por gênero e opção sexual são algumas lutas nesse sentido. Assim como a eficiência e imparcialidade do judiciário, dos critérios de contratação pelo setor público e a transparência nas transações públicas. Ou seja, há várias bandeiras políticas que podem desempenhar papel relevante na posição de uma sociedade dentro do *trade-off* entre distribuição de renda e renda permanente média (ou crescimento econômico).

Vale também enfatizar a importância das origens das desigualdades de renda para a ideologia de esquerda, assunto que foi objeto de discussão ao longo deste capítulo. Algumas dessas fontes de desigualdade são mais toleradas do que outras. Sobretudo desigualdades geradas por herança ou ganhos sem contrapartidas de esforço pessoal são menos toleradas do que aquelas que são geradas a partir de diferenças em empenhos pessoais. Entre essas fontes de desigualdade de renda, encontram-se aquelas originadas pelo local de nascença dos indivíduos. Por isso, políticas adequadas de redução de desigualdades regionais são defendidas pela esquerda. Barros (2011) traz uma discussão de tais políticas, onde o foco maior é exatamente na redução das disparidades nas oportunidades entre indivíduos nascidos em regiões diferentes.

Discutiu-se também no presente capítulo as diferenças de conceitos de igualdade de oportunidades, o que é defendido pela esquerda e o que é propagado pelos liberais. Enquanto para os primeiros essa igualdade existirá quando os diversos indivíduos em uma sociedade puderem ter diferenças de renda que sejam explicadas apenas pelas distinções de esforço individual, a segunda ideologia se concentra apenas no direito de concorrer em todas as atividades e segmentos sociais, calando-se sobre a origem das diferenças de competividade entre os diversos competidores.

CAPÍTULO 4

FUNDAMENTOS DO CONCEITO DE DEMOCRACIA CONTIDO NO PENSAMENTO DE ESQUERDA

INTRODUÇÃO

De certa forma, o conceito lúdico de democracia reproduz o que ela deveria ser na sua essência: o sistema de governo em que o povo, em conjunto, governa a si próprio. Por meio do voto, os indivíduos tomariam as decisões coletivas necessárias que os afetam como um conjunto. Cada indivíduo, nesse processo de decisão, teria a mesma relevância que os demais. Nesse caso, chama-se esse sistema de governo de *democracia direta*. Obviamente, esse conceito como sistema de governo pode ser estendido a decisões coletivas em qualquer agregado de pessoas que tenham atuação conjunta e necessitem de um processo de decisão. Ou seja, o conceito pode ser aplicado a processos de decisão em famílias, passando por clubes e associações, até países.

Os sistemas de governo no mundo real, no entanto, apresentam uma série de percalços para que esse conceito seja utilizado de forma literal. Por exemplo, é possível que sejam tomadas a cada dia algo como mil decisões que afetam determinada coletividade. Talvez não seja razoável todos os seus membros participarem de todas as decisões, já que isso poderia implicar que eles não teriam tempo para fazer mais nada além de votar. Diante de tal problema, o mais comum é se estabelecer uma democracia representativa; em que os cidadãos elegem representantes que passam a tomar decisões por eles. Ou seja, cria-se a representação como uma especialização social. Dessa forma, alguns indivíduos se ocupam principalmente de tomar decisões por seus representados. Isso ocorre em países, mas também pode ocorrer em empresas com grande número de acionistas, por exemplo. Nesse caso, os conselhos são formados por representantes de todos os acionistas.

Além desse problema, que leva à especialização, o exercício do poder a partir de decisão majoritária, com apoio da maioria dos cidadãos, pode afetar alguns indivíduos de forma adversa, e às vezes até perversa. Então criou-se a chamada democracia constitucional, em que os representantes só podem tomar decisões dentro de limites estabelecidos pela constituição. Na elaboração da constituição, pactuam-se regras que sejam satisfatórias para uma maioria qualificada de indivíduos (mais de 50%) e que sejam suficientemente genéricas para que os indivíduos não saibam exatamente onde eles e seus entes queridos estarão na composição social ao longo de todos os períodos em que a constituição vigorar. A partir daí, criam-se regras para os representantes que limitam suas possíveis tentativas de massacrar minorias por decisões das maiorias. Ou seja, são impostas algumas restrições ao poder de decisão da maioria.

Democracia é algo que todos falam. Poucas ideologias sociais da atualidade não defendem a democracia como a forma de governo mais apropriada, mesmo que várias não a considerem de todo eficiente. Neste capítulo, a ideia de democracia contida no conceito de esquerda será aprofundada para se definir com clareza o que a verdadeira esquerda almeja.

Do Indivíduo à Democracia

No capítulo 1 foi apresentada a hipótese de que um dos grandes dilemas dos indivíduos a cada momento é cooperar ou não com os diversos grupos de seus semelhantes. A democracia é um sistema de relacionamento entre indivíduos em que se define regras de cooperação ou solução de conflitos quando a propensão à cooperação não é suficiente para superá-los. Particularmente, sua ênfase é solucionar conflitos entre grupos de indivíduos, definindo regras de realização de escolhas coletivas quando há possíveis conflitos de interesse.

Várias são as motivações que levam os indivíduos a cooperarem entre si ou a não cooperarem. No capítulo 1, essas motivações foram analisadas em mais detalhes. De uma maneira mais resumida do que a apresentada ali, pode-se reintroduzir essas motivações como:

i. **Mutualismo.** Essa é a motivação mais óbvia e que desperta maior consenso entre as diversas filosofias sociais. Basicamente, destaca a sinergia obtida a partir da cooperação, que leva a um ganho extra para os participantes desse processo. É a motivação mais importante para a cooperação no pensamento liberal. Os indivíduos cooperam porque há ganhos para todos os participantes.

ii. **Aversão ao risco.** Os indivíduos cooperam, mesmo que tal atitude leve a algumas perdas, porque veem os resultados assegurados como mais do que suficientes para compensar a possibilidade de obterem resultados piores advindos da não cooperação. Ou seja, a redução do risco de perdas maiores supera os possíveis ganhos advindos da não cooperação.

iii. **Altruísmo.** Capacidade de os indivíduos extraírem externalidades positivas para seu bem-estar a partir do bem-estar dos outros. Eles preferem a cooperação, mesmo que ela sacrifique um pouco seu bem-estar direto, pois os ganhos com o bem-estar dos outros mais do que compensa suas perdas diretas. Essa é uma motivação particularmente importante para o pensamento de esquerda e talvez seja uma das maiores diferenças entre as concepções de esquerda e as liberais.

iv. Receio de retaliação. Muitas vezes os indivíduos cooperam não porque vejam benefícios pessoais nesse comportamento (mutualismo e aversão ao risco) ou se importem com os outros (altruísmo), mas porque se sentem coagidos pela possibilidade de retaliação de outros membros do grupo caso não cooperem.

v. Confiança. Quanto maior a confiança, maior a propensão dos indivíduos a cooperarem. Entretanto, vale ressaltar que a confiança em si não motiva a cooperação se não houver uma das quatro motivações apresentadas acima.

Para a não cooperação, por sua vez, há também algumas motivações importantes, que podem ser assim listadas:

i. Retaliação altruística. A não cooperação de alguns em oportunidades anteriores também é uma razão para a não cooperação posterior, em retaliação ao comportamento anterior dos retaliados. Experimentos recentes mostram que essa é uma motivação relevante para a não cooperação.

ii. Oportunismo. É quando alguém acha que se os demais cooperarem ele já se beneficiará dos ganhos, sem que precise ter o esforço da cooperação. Nesse caso, não coopera para não arcar com os ônus, mas na expectativa de se beneficiar dos bônus.

iii. Falta de confiança nos demais. Outra razão para não cooperar é a simples falta de confiança nos demais potenciais parceiros na cooperação. Se um indivíduo acha que os outros podem não cooperar, pode decidir não cooperar, seja em retaliação ou para evitar perdas elevadas. Obviamente, esse é um motivo para a não cooperação apenas quando há algum outro motivo para a cooperação. Caso contrário, é irrelevante.

A democracia como sistema de governo ou decisão em grupos que busca formas de tomar decisões coletivas, supõe que os indivíduos já estejam engajados em um conjunto de ações coletivas ou ações cooperativas. De outro modo, um processo de decisão coletiva não seria necessário. Por isso, ela precisa que haja ao menos perspectivas de alguma cooperação entre os indivíduos envolvidos. Caso contrário, a democracia não seria necessária. Nesse contexto, pode-se dizer que a democracia é apenas uma entre outras possíveis formas de os indivíduos coletivamente definirem regras ou passos em processos de cooperação. Ela é um processo no qual alguns indivíduos são tratados de maneira igual, sem que haja a apropriação da decisão por poucos, baseados em critérios extemporâneos.

No parágrafo acima já se introduz sutilmente a ideia de que há vários níveis de democracia. Quanto maior a proporção dos indivíduos afetados pelas decisões que participam dos processos de decisão, mais democrática será a sociedade ou o grupo de indivíduos. Se o conjunto de indivíduos só tiver um elemento, essa não será uma sociedade ou grupo de indivíduos democrático, mas sim autocrático. Ou seja, entre os dois extremos, há muitas possibilidades. Quanto mais próximo o grupo de indivíduos estiver da participação ampla, mais democrático será esse ambiente social.

Nenhum sistema de governo observado no mundo real permite a participação de todos os indivíduos igualmente. A maioria restringe a participação, por exemplo, a certos grupos etários. Alguns excluem loucos, outros excluem presos ou estrangeiros residentes no mesmo território, e assim por diante. No passado, era comum se excluir mulheres e indivíduos que não atingiam um nível mínimo de renda ou patrimônio. No Brasil, já se limitou o acesso a decisões pelos analfabetos e aqueles que não possuíam terras. O mais comum é que os grupos de indivíduos permitam a participação de todos, mas mesmo quando é assim às vezes se restringe o número de participantes nas decisões.

Outro determinante importante do nível de democracia advém do nível de informação que os indivíduos dispõem no momento em que suas preferências nos processos de decisões coletivas são reveladas. Pode-se dizer que quanto mais bem informados os indivíduos tiverem quando forem contribuir para os processos de decisão, mais democrática será a sociedade. Essa afirmação introduz outro componente importante da democracia, que é o acesso a informação por parte dos indivíduos responsáveis pelas decisões. Esse ponto será mais explorado a seguir.

Fundamentos Micro das Diferenças nos Conceitos de Democracia

Antes de prosseguir com características da democracia, vale abordar a essência do conceito de democracia para a esquerda e apresentar sua diferença básica para a democracia liberal. Para isso, é preciso recorrer ao processo de decisão a partir da otimização de agentes individuais em uma sociedade. Será utilizada a lógica econômica e se recorrerá à apresentação de um modelo abstrato, que não reflete todas as características de uma realidade concreta, mas seus elementos essenciais.

Imaginemos que em uma sociedade há dois tipos de indivíduos, a e b. Cada indivíduo z (dos tipos a ou b) possui uma função utilidade definida como função de seu consumo de bens privados e públicos e da utilidade dos demais indivíduos, que aqui, simplificadamente, será colocada apenas como dos indivíduos do outro tipo. Essa função utilidade pode ser definida como:

$$U_z = \left\{ C_z^\alpha \left(g_1^{\delta_z} g_2^{1-\delta_z} \right)^{1-\alpha} + \beta C_s^\alpha \left(g_1^{\delta_s} \cdot \frac{1-\delta_s}{2} \right)^{1-\alpha} \right\}^{1-\sigma} \qquad (1)$$

Onde C_z e C_s são quantidades de bens privados consumidos no período pelos indivíduos z e s, respectivamente. Como há um só bem, a medida utilizada é o número de unidades desse bem. Os itens g_1 e g_2 são bens públicos consumidos por todos os indivíduos na sociedade. Esses bens públicos são medidos também em unidades físicas. O fato de um indivíduo consumir esses bens públicos não exclui o consumo de outras pessoas nem reduz a quantidade disponível para eles. Ou seja, são bens públicos no sentido mais rigoroso do termo. As letras gregas são parâmetros tais que $0 < \alpha < 1$, $0 < \delta_z < 1$, $0 < \delta_s < 1$, $0 \leq \beta < 1$ e $0 < \sigma < 1$. O parâmetro σ é o coeficiente de aversão ao risco como definido por Arrow (1965).

O indexador z da função utilidade indica que a função é associada ao indivíduo do tipo z. Haverá a cada momento m e n indivíduos dos tipos a e b, respectivamente. Cada um dos indivíduos possui algum grau de altruísmo. Para simplificar, supôs-se que eles se preocupam com o indivíduo do outro tipo, representado por s na função utilidade acima. Dessa forma, se a função utilidade se refere aos indivíduos do tipo a, s representa os indivíduos do tipo b, e vice-versa. O parâmetro β define o nível de altruísmo. Quanto maior β, mais altruísta o indivíduo. Do mesmo modo, quanto menor for o β, menos altruísta ele será. Se ele for totalmente não altruísta, $\beta = 0$.

Cada um desses indivíduos recebe uma renda Y que ele iguala aos gastos com consumo, de forma que:

$$(1-\tau)Y_z = C_z \qquad (2)$$

Onde τ é a proporção da renda que o indivíduo paga de imposto para bancar os bens públicos. Por simplificação, supôs-se que o preço do bem privado é igual a um. Y_z é a renda do indivíduo z. As demais variáveis são como já definidas. O indivíduo maximiza a função utilidade definida na equação (1) sujeito à restrição expressa na equação (2). Obviamente, ele definirá seu nível de consumo privado como sendo igual à sua renda disponível (1-τ) Y_z, já que não há futuro nessa economia e por isso não há qualquer incentivo a poupar. Esse problema de maximização individual, tomando g_1, g_2, e τ como dados, tem muito pouco interesse aqui.

Entretanto, esse indivíduo pode votar para definir τ, g_1 e g_2. Para isso, levará em consideração que:

$$\tau\left(nY_z + mY_s\right) = g_1 + g_2 \qquad (3)$$

Onde redefinições de unidades podem assegurar que os preços dos dois bens públicos sejam iguais a um, como se assumiu nessa equação, sem imposição de restrições adicionais. Para decidir sua escolha de bens públicos e tributo, o indivíduo maximizará a função utilidade definida na equação (1), sujeito às restrições impostas nas equações (2) e (3). Essa maximização será feita em relação não só a C_z, mas também a τ, g_1 e g_2.

Se substituirmos a equação (3) na (2) e a (2) na (1), a função utilidade passa a ser definida como uma função apenas de g_1 e g_2, além de variáveis exógenas (Y_z, Y_s, m, n), se utilizarmos a contraparte da equação (2) para C_s e Y_s. Os resultados dessa maximização serão:

$$g_1^* = G_1(Y_z, Y_s, m, n) \qquad\qquad (4)$$

e

$$g_2^* = G_2(Y_z, Y_s, m, n)E \qquad\qquad (5)$$

Onde G_1 e G_2 são funções e g_1^* e g_2^* são valores de g_1 e g_2 que maximizam a utilidade do indivíduo z. Obviamente, as derivadas desses valores ótimos em relação a todas as variáveis exógenas contidas em G_1 e G_2 são positivas. A substituição de g_1^* e g_2^* como definidos nas equações (4) e (5) na equação (3) gerará:

$$\tau^* = \tau(Y_z, Y_s, m, n) \qquad\qquad (6)$$

Vale salientar que, por definição, existem g_1^*, g_2^* e τ^* diferentes para os indivíduos do tipo a e do tipo b. Substituindo esses valores na equação (1) para cada um dos tipos de indivíduo e utilizando-se a equação (2):

$$U_a^* = U_a(Y_z, Y_s, m, n) \qquad\qquad (7)$$

e

$$U_b^* = U_b(Y_z, Y_s, m, n) \qquad\qquad (8)$$

Onde U_a^* e U_b^* são as utilidades máximas de indivíduos dos tipos a e b, respectivamente, sujeitos às restrições expressas nas equações (2) e (3). Além dessas duas utilidades ótimas, pode-se também definir:

$$U_a^b = U_a(g_{1b}^*, g_{2b}^*, \tau_b^*) \qquad\qquad (9)$$

e

$$U_b^a = U_b(g_{1a}^*, g_{2a}^*, \tau_a^*) \qquad\qquad (10)$$

Onde U_a^b e U_b^a são as utilidades dos indivíduos do tipo a e do tipo b, respectivamente, quando os tributos e quantidades de bens públicos são ótimos para o outro tipo de indivíduo. É possível construir também uma quantidade de g_1, g_2 e τ, de forma que:

$$g_1^w = \rho_1 g_{1a}^* + (1 - \rho_1) g_{1b}^* \qquad (11)$$

$$g_2^w = \rho_1 g_{2a}^* + (1 - \rho_1) g_{2b}^* \qquad (12)$$

e

$$\tau^w = \rho_1 \tau_a^* + (1 - \rho_1) \tau_b^* \qquad (13)$$

Onde $0 < \rho_1 < 1$ é um parâmetro. E g_1^w, g_2^w e τ^w são valores de g_1, g_2 e τ, que são médias ponderadas dos valores ótimos para os dois tipos de indivíduos. Por construção, até agora:

$$U_a^w(g_{1b}^w, g_{2b}^w, \tau_b^w) > \rho_1 U_a^*(g_{1a}^*, g_{2a}^*, \tau_a^*) + (1 - \rho_1) U_a^b(g_{1b}^*, g_{2b}^*, \tau_b^*) \quad (14)$$

Onde U_a^w é a utilidade do indivíduo do tipo a quando g_1^w, g_2^w e τ^w prevalecem. Isso decorre do fato de os indivíduos serem avessos ao risco. A utilidade da cesta média é maior do que as médias das utilidades das cestas extremas, quando ponderada pelos mesmos pesos. Relação semelhante se define para os indivíduos do tipo b. Isso é válido para qualquer valor de $0 < \rho_1 < 1$. Consequentemente:

$$U_a^* > U_a^w > \rho_1 U_a^* + (1 - \rho_1) U_a^b > U_a^b \qquad (15)$$

Da mesma forma:

$$U_b^* > U_b^w > \rho_1 U_b^* + (1 - \rho_1) U_b^a > U_b^a \qquad (16)$$

Vale ressaltar que quanto maior for β, o parâmetro que define o nível de altruísmo nesse modelo, menores serão as diferenças $U_a^* - U_a^b$ e $U_b^* - U_b^a$. Obviamente, também serão menores as outras diferenças que podem ser definidas a partir das desigualdades das equações (15) e (16). É particularmente relevante enfatizar que se o altruísmo for elevado (β próximo de 1), as diferenças $U_a^* - U_a^w$ e $U_b^* - U_b^w$ podem ser bem pequenas. Além disso, é importante salientar que, quando os indivíduos do tipo a são beneficiados por sua maior utilidade, U_a^*, os indivíduos do tipo b encontram seu pior resultado, U_a^b.

Os processos de decisão estabelecidos em uma democracia e as circunstâncias específicas de determinada sociedade podem levar a diferentes decisões quanto a quantidades de bens públicos e tributação a serem efetivadas na sociedade. Se os indivíduos do tipo a obtiverem o controle político de decisão, poderão estabelecer g_{1a}^*, g_{2a}^* e τ_a^* que são os valores que maximizam suas utilidades, ou poderão optar por algum nível intermediário para esses valores, entre os seus ótimos e os ótimos para os indivíduos do tipo b, g_{1b}^*, g_{2b}^* e τ_b^*. Conceitualmente, sem perda de generalidade, os valores intermediários foram definidos como g_1^w, g_2^w e τ^w.[1] Obviamente, estarão melhores se estabelecerem g_{1a}^*, g_{2a}^* e τ_a^*.

Entretanto, não podem ter certeza de que sempre estarão com o controle do processo de decisão. Assim, mesmo que $U_a^* - U_a^w > 0$, é possível que $vU_a^* - U_a^w < 0$, onde v é a probabilidade de manter o controle do poder de decisão, de maneira que $0 \leq v \leq 1$. Ou seja, os indivíduos dominantes, por serem avessos ao risco, podem preferir uma conciliação, para que sejam determinados valores intermediários para as quantidades de bens públicos e taxação da renda, desde que os indivíduos do tipo b façam o mesmo e se obtenha um consenso para ρ_1, o parâmetro que define a média a ser encontrada.

A diferença entre a democracia de esquerda e a democracia liberal é que a primeira defende que as regras de decisão devem permitir que haja propensão maior à conciliação, de forma que as maiorias não se imponham sobre as minorias. Ou seja, os indivíduos, por possuírem altruísmo, tendem a respeitar mais os demais e por isso cedem parte de seu bem-estar para contemplar os interesses dos demais, até mesmo por causa de sua aversão ao risco e a possibilidade de perder o controle das decisões. Isto é, ela parte do pressuposto de que o altruísmo dos seres humanos

---

1   Para simplificar, supôs-se que as quantidades intermediárias possuíam a mesma proporção entre os dois ótimos dos tipos de bens públicos ou tributação, mas isso não necessariamente é verdade. Optou-se por essa suposição apenas como uma simplificação para exposição do argumento.

é suficientemente elevado, que as regras de decisão social devem induzir a um v tal que haja grande probabilidade de se encontrar um ρ_1 que seja aceitável para todos e que garanta que $vU_a^* - U_a^w < 0$, assim como $vU_b^* - U_b^w < 0$. Ou seja, a democracia para a esquerda deve induzir à conciliação e ao respeito às minorias. Isso decorre do fato de que se acredita que a natureza humana é tal que β é suficientemente elevado para assegurar $vU_a^* - U_a^w < 0$ e $vU_b^* - U_b^w < 0$ mesmo para valores elevados de v.

Uma das contribuições importantes de Marx para as ciências sociais foi enfatizar que os valores de β não são fixos nem imutáveis no tempo, sendo associados a uma natureza humana estável. Ele introduziu a ideia de que esses valores são historicamente determinados e influenciados pelos conflitos de classe em uma sociedade. O capítulo 1 enfatizou que a associação de classe pode ser importante em determinadas circunstâncias, mas há vários outros determinantes históricos que levam a maior ou menor cooperação entre indivíduos. Religião, proximidade geográfica e compartilhamento de problemas comuns também são alguns deles.

A democracia liberal, por sua vez, parte do pressuposto de que somente com valores de v baixos os indivíduos optam pela conciliação, pois a natureza humana é tal que β é baixo. Mesmo quando concordam que $\beta > 0$ e possui um componente histórico elevado, ainda assim acreditam que ele tende a ser mais baixo do que a esquerda supõe. Por isso, regras que permitam mais conflito e a aceitação de imposições da maioria são mais toleradas pelos liberais democratas.

Natureza da Democracia

Ao longo da história da humanidade, o conceito de democracia evoluiu bastante. Saiu da ideia de poderes iguais nas escolhas coletivas entre os participantes de um processo decisório cujos resultados os afetam, para uma ideia ainda mais complexa. Nesta última, adicionou-se o reconhecimento da natureza altruística do ser humano, mesmo sabendo que ela pode circunstancialmente ser encoberta pelas inseguranças momentâneas. Nesse contexto, adicionou-se o respeito às preferências das minorias como um dos pilares da democracia. Assim, um arcabouço institucional de fato democrático é aquele que não só cria os meios de decisão para refletir as preferências das maiorias, mas que o faça por meio de regras que assegurem o respeito a condições básicas que todos gostariam de ver respeitadas para si.

Por exemplo, uma sociedade que permite que grupos de indivíduos sejam assassinados por causa de atributos específicos que os tornam parte de alguma minoria, não é uma sociedade verdadeiramente democrática, mesmo que tal regra tenha sido escolhida pela maioria. Um exemplo mais concreto: uma sociedade não pode ser considerada democrática se indivíduos com um atributo específico, como gênero ou homossexualidade, puderem ser discriminados no acesso ao mercado de trabalho, à educação ou mesmo ao sistema público de saúde.

A esquerda, como vanguarda das ideologias que valorizam o espírito fraternal da humanidade, mas sem crença em uma verdade absoluta de origem divina, toma para si esse ideal de democracia que extrapola a simples escolha pela maioria envolvida nos resultados de decisões coletivas. Ela destaca o papel do respeito às escolhas das minorias e a proteção a seus direitos básicos. Também busca de modo permanente a conciliação entre os diversos interesses dos grupos afetados pelos processos de decisão coletiva. Ou seja, o conceito de democracia de esquerda é muito mais profundo do que aqueles tradicionalmente apresentados.

A evolução da humanidade mostrou que para assegurar a democracia não basta sujeitar uma sociedade ou agrupamento de indivíduos a regras de votação e representação eleitoral justas. A determinação de regras que asseguram a cada indivíduo um voto não necessariamente garantem uma democracia justa. Viu-se que isso pode gerar transtornos importantes para as minorias, pois podem ser excessivamente penalizadas pelas preferências das maiorias. Além disso, os indivíduos podem oscilar muito em suas escolhas, fato que também pode comprometer a real preferência da maioria. Isso ocorre por desinformação e até mesmo por apelos emocionais momentâneos.

Além disso, quando as sociedades se tornam mais complexas, cresce muito o número de escolhas coletivas feitas a cada momento, impossibilitando o aprofundamento das consequências de cada uma das decisões por todos os indivíduos que fazem as escolhas. Em paralelo a esse processo, o aumento tanto da diversidade de assuntos envolvidos nos processos de decisão quanto da quantidade de informações disponíveis que podem influenciá-los, ficou muito difícil o exercício direto das escolhas coletivas.

A existência desses problemas levou à criação da democracia representativa. Nela os indivíduos escolhem representantes para tomar decisões por eles. Esses indivíduos teriam mais tempo para se informar na tomada de decisões e estariam menos sujeitos a influências emocionais oscilantes. Essa solução é utilizada não só em países e suas subdivisões, mas em empresas (conselhos) e outras associações, como conselhos de clubes e associações empresariais.

Com a delegação de poder de decisão a representantes, mesmo que democraticamente eleitos, surge um outro tipo de problema, que é o chamado risco moral, ou *moral hazard*, em inglês. Surge porque os indivíduos que se tornam representantes de outros também possuem seus interesses particulares, que não necessariamente coincidem com os dos representados. Então, no usufruto do poder de representação, buscam principalmente defender seus próprios interesses, em vez de fazer as escolhas que seriam mais adequadas para seus representados.[2] Isso distorce os resultados alcançados nas democracias representativas.

A sociedade tem criado vários instrumentos para coibir distorções geradas pela democracia representativa por conta do problema do risco moral. O primeiro deles, e talvez o mais clássico, é a separação dos poderes legislativo, executivo e judiciário, com independência entre eles. Obviamente, dependendo das regras existentes, essa independência pode ser maior ou menor, o que por si já gera graus diferenciados de democracia em diversos países.

Um segundo instrumento importante, que é utilizado tanto em empresas como em países, é o recurso de auditorias e controladorias, além da criação de regras que reduzam a possibilidade de utilização do poder adquirido para benefícios aos representantes. Regras como limites ao nepotismo ou de conformidade (*compliance*), que restringem a realização de negócios com empresas que possuam relação direta com os representantes, são alguns exemplos de regras comumente estabelecidas e que caracterizam esse tipo de instrumento.

---

2 Esse é um dos principais problemas da relação agente-principal, tão estudada pela Ciência Econômica. Ver, por exemplo, Laffont e Martimort (2002, cap. 4).

A transparência nas decisões e nas informações relevantes para o processo de escolhas é outro instrumento importante. As regras de acesso às informações também compõem um determinante do nível de democracia de uma sociedade ou qualquer outro agrupamento social. Em países ou suas subdivisões, a existência de uma mídia livre e independente é instrumento essencial para elevar a transparência. Então, sociedades mais democráticas possuem imprensa com mais liberdade e melhores regras de acesso a informações. Uma preocupação frequente da esquerda, nesse contexto, é com o controle da mídia por detentores de poder econômico, pois isso pode distorcer a liberdade e a qualificação das escolhas individuais.

Outro instrumento importante de controle dos representantes para assegurar a democracia é a garantia de não criação de problemas ou a perseguição a opositores. Ou seja, o bom funcionamento da democracia representativa requer que haja garantias de liberdades civis, sem que os indivíduos sejam constrangidos a não agir de forma contrária aos interesses dos governantes. Sociedades mais democráticas asseguram mais as liberdades civis dos indivíduos.

As sociedades também criaram mecanismos de participação nas decisões governamentais que transpassam os representantes eleitos. Em vários países, foram criadas regras de participação de organizações da sociedade civil em decisões e discussões sobre assuntos específicos. Essas organizações, apesar de não terem a legitimidade do voto, muitas vezes aprofundam as discussões por representarem interesses mais homogêneos de partes interessadas. Por isso, são mais bem informadas e sua participação nas decisões podem torná-las menos superficiais.

Outro instrumento importante é o desenvolvimento de uma cultura política democrática, que deve ser fomentada desde as escolas. Ela eleva a participação dos indivíduos e torna os posicionamentos individuais mais maduros. Essa cultura deve ter como base a formação da ideia de unicidade social, sem promover divisões. Além disso, deve evitar aceitar o papel da existência de um certo absoluto, pois este comumente leva à legitimidade de exclusões. A religião, por exemplo, quando influencia demais nas escolas gera a noção de divisão social, na qual há os certos e os errados. Apesar de todos os instrumentos de controle, talvez a formação da cultura democrática seja um dos principais instrumentos de promoção efetiva da democracia, senão o mais importante deles.

Para as esquerdas, há um outro componente importante da democracia, que são as regras de proteção às minorias. Como visto, a ideia que separa uma visão de esquerda da democracia liberal é exatamente a crença de que as posições minoritárias na sociedade têm que ser respeitadas e protegidas, pois as preferências individuais podem levar a excessos de imposição sobre elas, seja por envolvimentos emocionais momentâneos ou pela falta de nível adequado de informação. Tendo os seres humanos em sua natureza inata a tendência à conciliação com seus semelhantes, as regras institucionais na sociedade devem assegurar boa proteção às minorias.

Enfim, a natureza da democracia, pela complexidade das decisões em alguns meios sociais, requer a transferência de poder decisório para representantes. Esses, por sua vez, devem ser escolhidos com participação ampla de todos, com igualdade de peso na escolha deles. Regras institucionais, sejam formais ou não, devem promover a proteção das minorias e incentivos à conciliação entre as diversas posições individuais conflitantes.

Conclusões

Comentários Adicionais

Neste capítulo, definiu-se com mais precisão o conceito de democracia para o pensamento de esquerda. Apresentou-se a ideia de que democracia não é só um sistema de escolha social que tem a participação de todos os indivíduos envolvidos, seja diretamente, ou por meio de seus representantes legitimamente escolhidos, seja por voto ou relações familiares. Antes de tudo, há vários níveis de democracia. Uma determinada sociedade, empresa ou qualquer outro agrupamento social pode ser mais ou menos democrático. O número de participantes que têm direito a voto é um dos determinantes desses níveis, mas há outros, como: o nível de acesso a informações e normas de controle de risco moral dos representantes, e regras de conformidades e mecanismos de auditorias existentes. Obviamente, o direito ao agrupamento e a discussões livres também são componentes essenciais da democracia. Quanto maior essa liberdade, mas democrático será esse grupo social.

No que diz respeito à democracia política em sociedades, não se adicionou a esse conceito a maior igualdade de renda entre os indivíduos que participam de um processo de decisão para não tornar as decisões muito desequilibradas. Não é incomum se estender o conceito de democracia ao equilíbrio econômico. Mas, como a democracia e a igualdade são vistas como dois pilares do pensamento de esquerda, incluir a igualdade novamente na democracia seria redundante. Daí sua exclusão, apesar de fazer parte de conceitos apresentados por vários pensadores de esquerda.

A grande diferença do conceito de democracia para a esquerda e a democracia liberal advém da importância que a esquerda confere à busca por conciliação e respeito às escolhas das minorias. Por acreditar mais no altruísmo do ser humano, a esquerda defende a construção de mecanismos institucionais que forcem a escolha social a promover a conciliação e reduzam o poder de as maiorias imporem suas vontades às minorias. Um mecanismo simples que pode ser usado nesse sentido é, por exemplo, a exigência de que qualquer solução de conflitos demande percentual maior do que 50% de membros optando por determinada posição. Quanto maior for esse percentual, maior a propensão a gerar conciliação.

CAPÍTULO 5

TAMANHO DO GOVERNO: O IMPACTO NOS IDEÁRIOS DE ESQUERDA

INTRODUÇÃO

Em todo o mundo, as esquerdas tradicionalmente defendem governos maiores, tendo uma proporção mais destacada de seu valor agregado no PIB. Algumas relações criadas, acima de tudo a partir de esperanças e desejos, justificam essa preferência. Entre elas, cabe destacar o fetichismo criado pelos escritos de Marx, Engels e Lenin de que o fim da propriedade privada poria toda a produção social nas mãos do governo. Este, por sua vez, a partir de planejamento, asseguraria maior eficiência da produção e uma distribuição mais justa de seus resultados, sem a apropriação indevida e elevada daqueles que sequer contribuem para sua geração, que seriam os proprietários dos meios de produção ou capitalistas, na visão deles.

A partir dessa utopia inicial, desenvolveu-se a ideia do socialismo a conta-gotas. Nela, quanto mais a produção se concentrar nas mãos do governo, mais próximo se estará do socialismo e mais igualitária seria a distribuição de renda. Nessa visão, os governos seriam os instrumentos mais eficazes de promoção da justiça social, pois não visam lucro e por isso podem praticar preços mais justos pelos bens e serviços que produzem. Inclusive pagando melhores salários aos trabalhadores. Segundo essa visão, a distribuição de renda melhora quando a produção for concentrada nas mãos dos governos.

Por trás da defesa da ideia do socialismo a conta-gotas está a noção de que o setor privado, conduzido por capitalistas, busca sempre se apropriar de uma fatia maior da produção. Como os capitalistas são mais ricos, o aumento da produção nas mãos do setor privado elevaria a participação dos mais ricos na renda total produzida socialmente e pioraria a distribuição de renda. Ou seja, o avanço da distribuição de renda seria um problema de média ponderada. Enquanto no setor privado há uma parte da renda que é apropriada pelos capitalistas ricos, na produção pública não haveria esse componente. Assim, quanto maior a participação do governo na produção geral, menor seria a participação da parcela mais rica da população na renda.

Qualquer possível impacto negativo dessa concentração da produção nas mãos do governo no crescimento econômico é visto como irrelevante ou que vale o sacrifício para assegurar a melhor distribuição de renda que seria promovida pelas mãos do setor público. Mas, na verdade, muitos argumentam que governos robustos também promovem o maior crescimento econômico, pois podem evitar as supostas crises crescentes que o capitalismo gera. A ambição desenfreada dos capitalistas gera falta de demanda agregada, que, por sua vez, precipita crises econômicas, segundo uma interpretação Marxista tradicional das crises. A concentração da produção nas mãos do governo evita essa falta de demanda porque terá sempre incentivos para ofertar serviços para a população mais pobre e com isso gerar a demanda agregada necessária para a manutenção do crescimento econômico, ao mesmo tempo em que distribui melhor a renda.

Ainda dentro dessa visão do esquerdismo tradicional, quanto maior a concentração da produção social nas mãos dos governos, menor será, proporcionalmente, o tamanho da classe dos capitalistas. Por conseguinte, eles serão mais fracos em termos políticos e terão menor probabilidade de capturar o estado para promover seus interesses particulares, que sempre levam a maior concentração de renda em suas mãos. Consequentemente, nessa visão, a democracia tem maior probabilidade de ser mais forte quando o estado é maior.

Além desse argumento para a relação entre estado grande e democracia, pode-se adicionar também que, quanto maior for o governo, maior será a proporção das decisões socialmente relevantes que passarão por ele. Como nele se concentra a confluência dos diversos interesses sociais, e como a solução dos potenciais conflitos gerados entre esses últimos demanda regras democráticas de arbitragem, poderia se pensar que a democracia tende a ser mais forte na solução de conflitos dentro de governos maiores. Como consequência, o crescimento da participação do governo no PIB, em algumas visões, tende a elevar a democracia como instrumento de solução de conflitos em uma sociedade.

Neste capítulo, é discutida em mais profundidade, sob a luz dos desenvolvimentos científicos e das evidências empíricas mais recentes, essa relação do tamanho do governo com os três ideários de esquerda. Inicia-se na próxima seção definindo-se com mais rigor quantitativo o que seriam as relações empíricas entre tamanho do estado por um lado, e distribuição de renda, crescimento econômico e democracia por outro. As três seções seguintes mergulham na apresentação de argumentos empíricos e teóricos sobre essas três relações e a última reúne as principais conclusões obtidas dessas relações.

TAMANHO DO ESTADO E PRIORIDADES DA ESQUERDA: ABORDAGEM EMPÍRICA

As hipóteses apresentadas preconizam basicamente três relações empíricas fundamentais. A primeira delas é que há uma correlação inversa entre tamanho do estado e concentração de renda. Mais concretamente, esse conceito genérico pode ser moldado para uma relação entre coeficiente de Gini e participação do governo no PIB. Ambas são variáveis disponíveis para vários países hoje e com certa homogeneidade conceitual. Mais precisamente, essa relação seria uma correlação negativa entre o coeficiente de Gini e a participação do governo no PIB. Há aqui uma noção de causalidade implícita no argumento, que vai do tamanho do estado para o coeficiente de Gini. Essa é a relação essencial para a preocupação deste livro, pois o que se quer saber é se a defesa do crescimento do estado traz em si também a melhoria da distribuição de renda.

Vale ressaltar que nesse caso a relação inversa também existe. A melhor distribuição de renda pode também levar ao aumento do estado, caso os mais pobres possuam uma maior elasticidade de demanda por bens públicos do que os mais ricos. Ou seja, se a renda dos primeiros aumentar, eles demandarão proporcionalmente mais bens públicos do que os mais ricos. Em uma sociedade em que a oferta de bens públicos logo venha a refletir as demandas dos cidadãos, a relação inversa também existiria quando essa assimetria de elasticidades prevalecer.

A segunda relação empírica fundamental, sob a ótica de muitas ideologias de esquerda, preconiza que há uma relação positiva entre tamanho do estado e taxa de crescimento do PIB, pois essa concentração de recursos nas mãos do governo permitiria reduzir o impacto negativo da falta de demanda agregada no crescimento econômico. Há, no entanto, o argumento contrário e forte de que governos são menos eficientes na alocação de recursos. Por isso, sua maior participação na economia tenderia a reduzir a produção potencial e o crescimento econômico. Vale salientar que essa relação traz uma noção mais nítida de causalidade do tamanho do estado para a taxa de crescimento do PIB.

A terceira relação é definida entre democracia e tamanho do estado. Quanto maior este último, mais democrática seria a sociedade. Ou seja, a correlação entre essas duas variáveis seria positiva. Mas, na verdade, a causalidade iria da democracia para o tamanho do estado. Quanto mais democrática uma sociedade for, maior tende a ser o estado, pois ela precisará de mais intervenção do setor público para garantir os direitos individuais e para tolher a exacerbação das desigualdades de qualidade de vida entre os indivíduos, portanto, o estado tenderia a ser maior. Concretamente, a relação seria entre o tamanho do estado, medido pela participação dos gastos do governo no PIB, e algum indicador de democracia, que será melhor definido nas subseções a seguir.

Essa última correlação, entre tamanho do estado e democracia, também conta com uma relação inversa forte. Quando o tamanho do estado aumenta, mais decisões socialmente relevantes passam por ele, e por isso são maiores os incentivos para os diversos grupos sociais participarem do processo de decisão coletiva. Como consequência, a democracia como instrumento de solução de conflitos aumenta. Ou seja, nesse caso a causalidade vai do tamanho do estado para a democracia, que é a mais relevante para a análise aqui. Pois o que se quer verificar é se a defesa de um estado maior contribui para a formação de uma sociedade mais de esquerda. Vale notar que a correlação também é positiva nessa relação de causalidade inversa.

Todas essas três relações serão analisadas empiricamente nas seções a seguir, tanto com estimativas originais a serem apresentadas como com uma revisão da literatura empírica recente sobre o assunto e a discussão de seus resultados predominantes. O método a ser utilizado nas estimativas próprias será a obtenção de correlações e estimativas de alguns modelos econométricos com dados longitudinais para países, quando for relevante. Neste último caso, outras variáveis que têm relevâncias prováveis serão incluídas.

Distribuição de Renda e Tamanho do Governo

A análise da relação entre tamanho do governo e distribuição de renda pode ser feita com dados para os diversos países para os quais há informações disponíveis no FMI e no Banco Mundial. Mais precisamente, foram obtidas informações do FMI para a participação dos gastos do governo no PIB, e do Banco Mundial para os coeficientes de Gini. Ambas estatísticas foram coletadas para o período entre 2010 e 2017. As médias dos períodos foram utilizadas nos dois casos. Entretanto, vale ressaltar que há disponibilidade de informações para todos os anos no FMI e para poucos anos na variável obtida no Banco Mundial. A amostra total incluiu 131 países, alguns deles com passado socialista recente.

A figura 1 traz um gráfico de dispersão para as duas variáveis. Pode-se ver que a correlação aparentemente existe. Ela é de -0,40, mas, acima de tudo, para cada nível de proporção do PIB nas mãos dos governos, há sempre uma dispersão grande de possíveis coeficientes de Gini, espalhando-se por uma amplitude grande em relação à queda deles quando a proporção do PIB aumenta. Mas o fato de essa correlação ser negativa indica que o coeficiente de Gini cai quando o tamanho do estado aumenta. Como é previsto pela estratégia do socialismo a conta-gotas.

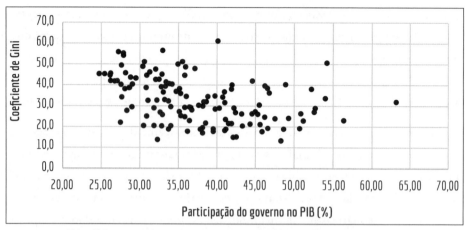

Fonte: FMI para participação dos gastos do governo no PIB e Banco Mundial para o coeficiente de Gini.

FIGURA 1: GINI VERSUS PARTICIPAÇÃO DOS GASTOS GOVERNAMENTAIS NO PIB[1]

Além do coeficiente de correlação, estimou-se também alguns modelos de regressão que envolvem a determinação do coeficiente de Gini (seu logaritmo natural) como função da participação dos gastos do governo no PIB, também em logaritmo natural. Basicamente, estimou-se três modelos. Um em que apenas o logaritmo natural da participação dos gastos do governo no PIB foi incluído como variável explicativa. Em um segundo modelo, acrescentou-se nesse primeiro o logaritmo natural do PIB per capita em 2005, período bem anterior ao utilizado para as duas outras variáveis. No terceiro, incluiu-se, adicionalmente às duas já inseridas, uma terceira variável, que foi uma *dummy*, com 1 para economias que tiveram passado recente de socialismo e 0 para as que não tiveram.

Tais estimativas geram coeficientes não viesados se houver uma relação de causalidade indo da proporção do PIB nas mãos do governo para a distribuição de renda, como supõe a hipótese do socialismo a conta-gotas. Entretanto, sem que haja causalidade inversa, da distribuição de renda para a proporção do governo no PIB. Não é tão claro que ela não exista, como já argumentado. Na verdade, é até mais provável que ela também exista. A inexistência de causalidade inversa

---

1 A medida de participação dos gastos do governo no PIB é uma média entre 2010 e 2017. O coeficiente de Gini também é uma média desse mesmo período, mas vale enfatizar que, para a maioria dos países, há poucos anos com disponibilidade de informações.

do PIB per capita e da *dummy* para o coeficiente de Gini são mais defensáveis, sobretudo porque o PIB utilizado é de vários anos antes, 2005, enquanto o Gini é uma média entre 2010 e 2017.

Os resultados para esses modelos aparecem na tabela 1. Vale salientar que modelos com o PIB per capita de 2005, o coeficiente de Gini e a proporção dos gastos do governo no PIB em níveis (sem ser em logaritmo natural) também foram estimados, mas os resultados não diferem qualitativamente muito dos aqui reportados. Por isso, e por uma questão de espaço, reduziu-se a apresentação aos modelos com todas as variáveis em logaritmos naturais. As estimativas utilizaram dois métodos, que foram mínimos quadrados ordinários com correção para hetoscedasticidade pelo método de White (1980) e mínimos desvios absolutos. Resultados para ambos os métodos aparecem na tabela 1.

Os resultados das estimações confirmam aquilo que pode ser obeservado visualmente. Sob suposições de ortogonalidade dos erros com as variáveis colocadas como exógenas nos modelos, indicam que há sim um impacto do tamanho do governo na distribuição de renda. Em todos os modelos estimados, o parâmetro para o tamanho do governo é estatisticamente significante a menos de 10%. Em alguns deles a significância é a menos de 1%. Ou seja, a relação é robusta. No valor dos parâmetros, vê-se que a *dummy* socialista muda bastante o patamar, mas não altera os resultados qualitativos, que continuam dando suporte parcial à ideologia do socialismo a conta-gotas.

Para entender melhor um possível papel determinante das economias socialistas nos resultados obtidos, realizou-se estimativas com uma amostra incluindo apenas economias sem experiência recente de socialismo. A amostra com dados, nesse caso, caiu para apenas 101 países. Os resultados são bem semelhantes aos revelados na tabela 1, e são exibidos na tabela 2. Por conseguinte, mostram que tais experiências socialistas não são os determinantes fundamentais da relação estatística encontrada. Somente em um dos modelos estimados, com essa amostra reduzida, a significância estatística não esteve dentro dos limites normalmente aceitos como razoáveis. Os coeficientes estimados para a relação entre tamanho do governo e coeficiente de Gini possuem todos os sinais defendidos pela hipótese do socialismo a conta-gotas.

Tabela 1: Resultados das estimativas de modelos alternativos de determinação do coeficiente de Gini

		CONSTANTE	PARTICIPAÇÃO DOS GASTOS DO GOVERNO NO PIB	PIB PER CAPITA 2005	DUMMY (SOCIALISTA=1)	R2
MDA	PARÂMETRO	4,3379	-0,0974	-0,0427	-0,1640	
	ESTATÍSTICA T	28,35	-1,87	-2,97	-4,55	
	SIGNIFICÂNCIA	0,00000	0,06356	0,00356	0,00001	
MQO	PARÂMETRO	4,39695	-0,12148	-0,03813	-0,16564	0,3253991
	ESTATÍSTICA T	30,85794	-2,31265	-2,70063	-5,27656	
	SIGNIFICÂNCIA	0,00000	0,02074	0,00692	0,00000	
MDA	PARÂMETRO	4,4996	-0,2676			
	ESTATÍSTICA T	27,72	-5,69			
	SIGNIFICÂNCIA	0,00000	0,00000			

		CONSTANTE	PARTICIPAÇÃO DOS GASTOS DO GOVERNO NO PIB	PIB PER CAPITA 2005	DUMMY (SOCIALISTA=1)	R2
MQO	PARÂMETRO	4,435	-0,242			0,1730033
	ESTATÍSTICA T	29,63	-5,52			
	SIGNIFICÂNCIA	0,00000	0,00000			
MDA	PARÂMETRO	4,513	-0,190	-0,031		
	ESTATÍSTICA T	27,83	-3,45	-2,01		
	SIGNIFICÂNCIA	0,00000	0,00076	0,04682		
MQO	PARÂMETRO	4,519	-0,166	-0,039		0,2120333
	ESTATÍSTICA T	32,13	-2,92	-2,51		
	SIGNIFICÂNCIA	0,00000	0,00355	0,01198		

FONTE: Estimações próprias com base em dados do FMI e do Banco Mundial[2]

---

2 Todas as variáveis, inclusive o coeficiente de Gini, e com exceção da dummy, estão em logaritmos naturais. A amostra inclui 131 países.

Tabela 2: Resultados das estimativas de modelos alternativos de determinação do coeficiente de Gini — Apenas economias sem histórico socialista

		CONSTANTE	PARTICIPAÇÃO DOS GASTOS DO GOVERNO NO PIB	PIB PER CAPITA 2005	R2
MDA	PARÂMETRO	4,31226	-0,20260		
	ESTATÍSTICA T	25,28438	-4,05276		
	SIGNIFICÂNCIA	0,00000	0,00010		
MQO	PARÂMETRO	4,29980	-0,19166		0,13146
	ESTATÍSTICA T	26,71958	-3,98032		
	SIGNIFICÂNCIA	0,00000	0,00007		
MDA	PARÂMETRO	4,36617	-0,08596	-0,04980	
	ESTATÍSTICA T	25,96554	-1,49429	-3,14772	
	SIGNIFICÂNCIA	0,00000	0,13831	0,00218	
MQO	PARÂMETRO	4,38646	-0,11019	-0,04129	0,18837
	ESTATÍSTICA T	28,71117	-1,96686	-2,76356	
	SIGNIFICÂNCIA	0,00000	0,04920	0,00572	

Fonte: Estimativas próprias com base em dados do FMI e do Banco Mundial[3]

---

3   Todas as variáveis, inclusive o coeficiente de Gini, e com exceção da dummy, estão em logaritmos naturais. A amostra inclui 101 países.

Em suma, as estatísticas apresentadas indicam que, de forma geral, dados os determinantes da predominância do tamanho do estado nas experiências internacionais concretas, mesmo em economias com histórico puramente capitalista, há uma correlação positiva entre tamanho do estado e melhor distribuição de renda (negativa com o coeficiente de Gini). Se supusermos que não há causalidade inversa, pode se dizer que os principais determinantes do tamanho do estado encontrados nas experiências internacionais levam a um impacto positivo deste na melhor distribuição de renda.

Essas estimativas apresentadas até aqui, contudo, são excessivamente simples. Não consideram adequadamente a possibilidade de viés dos parâmetros estimados decorrente da omissão de variáveis relevantes e causalidade inversa indo da distribuição de renda para os gastos do governo. Muitas vezes, a melhoria da distribuição de renda advém de pressões por melhor distribuição, que levam a mais gastos do governo, como nos programas de transferência de renda. Nesse caso, haveria causalidade da distribuição de renda para os gastos públicos,[4] portanto, a análise tem que ser um pouco mais sofisticada.

Há vários estudos empíricos que discutem essa relação entre tamanho do estado, medido pelos gastos governamentais, e a distribuição de renda, e que recorrem a metodologias mais sofisticadas, cujo objetivo é exatamente isolar o efeito da causalidade inversa e outras fontes de vieses. Anderson, D'Orey e Duvendack (2017) trazem uma revisão da literatura, que analisa resultados de 87 estudos sobre o assunto. Eles enfatizam que há muitos resultados contraditórios. A partir de alguns critérios de aferição da credibilidade dos métodos e resultados, concluem que gastos públicos levam a maior concentração de renda, embora de forma moderada, diferentemente do que foi visto acima a partir dos métodos simples. Entretanto, chegam à conclusão de que gastos sociais ou com consumo do governo podem reduzir a desigualdade, embora de forma moderada. Ou seja, os resultados aparentes não são tão óbvios quando se aprofunda o rigor estatístico dos estudos. Na verdade, a relação empírica pode de fato ser a inversa do que se conclui pela hipótese do socialismo a conta-gostas e pelos estudos empíricos sem maior sofisticação para isolar corretamente a relação de causalidade de fato existente.

---

4   Para modelos que contemplam essa relação, ver Alesina e Rodrik (1994) e Persson e Tabellini (1994).

Crescimento Econômico e Tamanho do Estado

Antes de tudo, vale lembrar que uma das prioridades da verdadeira esquerda é maximizar a renda permanente média da população. Esta, por sua vez, depende da taxa de crescimento da economia, pois é definida como a média do valor presente do fluxo futuro de renda média esperada. Ou seja, quanto maiores as perspectivas de crescimento econômico futuro, maior será a renda permanente média em uma sociedade. Como a literatura econômica normalmente estuda a relação entre tamanho do estado e crescimento econômico, o foco nessa seção será este, apesar de a preocupação efetiva ser com a renda permanente média.

O impacto do tamanho do governo no crescimento de longo prazo do PIB per capita tem sido alvo de estudo de vários acadêmicos, a partir de abordagens empíricas e também teóricas. Esses estudos tanto analisam o impacto da proporção dos gastos agregados dos governos no crescimento do PIB como dividem esses gastos por destino, sobretudo nos estudos empíricos. Por exemplo, avaliam gastos com consumo do governo e gastos sociais ou com investimentos separadamente. O foco da análise empírica aqui, porém, será a relação com os gastos públicos agregados.

A ideia teórica que prevalece entre economistas é de que há uma relação que, visualmente, seria um U invertido, pois a partir de níveis baixos de proporção de gastos do governo no PIB há um impacto positivo de uma elevação nessa variável na taxa de crescimento do PIB per capita. No entanto, quando essa proporção cresce, o impacto positivo vai diminuindo até que, eventualmente, se torna negativo. Maior crescimento da proporção dos gastos do governo no PIB passam a reduzir a taxa de crescimento desse último agregado macroeconômico a médio e longo prazos. Ou seja, a relação é algo como aparece na figura 2. Essa hipótese aparece teoricamente justificada em modelo apresentado por Barro (1990). Bergh e Henrekson (2011) também trazem uma versão teórica dela. O valor de cerca de 20% incluído na figura 2 como ponto de máximo reflete as estimativas de Asimakopoulos e Karavias (2015).

A justificativa para tal comportamento da relação vem da ideia de que em níveis muito baixos de proporção de gastos do governo no PIB há a possibilidade de maiores gastos direcionados a bens públicos ou àqueles que possuem externalidades positivas mais elevadas. Incluem-se aí gastos em instituições que reduzem muito o risco das atividades privadas, permitindo seu florescimento. Tais gastos poderiam elevar a eficiência da economia como um todo, mesmo que os gastos do governo sejam relativamente menos eficientes na geração de valor na economia do que os gastos do setor privado. Com isso, há uma elevação da taxa de crescimento do PIB por consequência desse ganho de eficiência da produção advinda dos maiores gastos do governo. Quando a proporção dos gastos públicos no PIB cresce, essas oportunidades para elevação de eficiência por causa da produção de bens públicos, incluindo aperfeiçoamentos institucionais, ou daqueles que geram externalidades positivas, começam a diminuir. Por conseguinte, o entrave ao crescimento gerado pela menor eficiência da produção pública e as distorções geradas pela taxação necessária para cobrir os gastos começam a prevalecer. Assim, o efeito negativo passa a dominar o impacto.[5] Daí esse U invertido que se encontra na relação apresentada na figura 2.

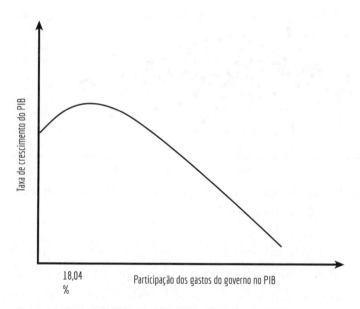

Figura 2: Relação teórica entre participação dos gastos do governo no PIB e a taxa de crescimento deste

---

5 Barro (1990) e Bergh e Henrekson (2011) trazem modelos de crescimento endógeno que capturam essas relações de forma mais rigorosa.

A análise empírica dessa relação é um pouco mais complexa, apesar dos dados do FMI para 184 países, mostrados na figura 3, indicarem uma correlação aparente negativa.[6] A dispersão na relação é muito alta, gerando uma associação fraca entre as duas variáveis. Além disso, há uma relação de causalidade bidirecional óbvia. Se o tamanho do governo afeta a taxa de crescimento, essa, por sua vez, também altera a capacidade de arrecadação do governo e sua consequente capacidade de gastar. Na maioria dos países, a elasticidade dessa relação é superior a 1. Então, quando a economia cresce, a arrecadação tende a crescer ainda mais, proporcionando uma relação positiva vinda do crescimento do PIB para arrecadação e gastos. Essa é a chamada Lei de Wagner. Por isso, os métodos estatísticos para separar o primeiro impacto do segundo não são triviais.

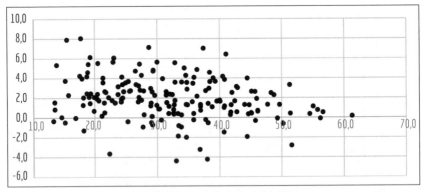

Fonte: FMI, World Economic Outlook, abril de 2018.

Figura 3: Crescimento médio do PIB per capita 2016/2010 (%) e participação dos gastos do governo no PIB (média 2010 a 2016, %)[7]

Métodos de variáveis instrumentais e de regressões não lineares em painel devem ser utilizados para capturar tal relação, já que a relação inversa também existe. Esses métodos demandam banco de dados bem construídos e com séries e quantidade de variáveis razoáveis. Esses esforços já foram adequadamente conduzidos por outros autores. Por conseguinte, em vez de estimar modelos aqui, apenas serão apresentados resultados da literatura já existente.

---

6   World Economic Outlook, abril, 2018.

7   Amostra com 184 países.

Há vários estudos que obtêm resultados utilizando diferentes tipos de dados e conjuntos específicos de países. Merecem destaque os estudos de Barro (2003), de Bergh e Henrekson (2011), e Asimakopoulos e Karavias (2015). O artigo de Barro utiliza-se de método de regressão em painéis incluindo 113 países e com taxa de crescimento para três períodos: 1965-75, 1975-85 e 1985-95. Em cada um deles a amostra teve tamanho diferente, sendo sempre um subconjunto dos 113 países iniciais. Os resultados mostram que a taxa de crescimento média decenal cai quando os gastos do governo em consumo sobem. A relação negativa prevalece porque ele assume que ela é linear. Além disso, os resultados não utilizam o total de gastos do governo. Por isso, reduz o impacto positivo, ao menos em proporções baixas dos gastos no PIB, que em geral se associa a gastos em investimento.

Vários estudos com impactos positivos também são encontrados na literatura. Eles foram realizados para conjuntos de países diferentes e com metodologias distintas. Muito comumente com métodos de séries temporais, para conjuntos restritos de países e incluindo gastos específicos. Mas várias outras pesquisas com maior abrangência e métodos mais robustos concluem que o impacto dos gastos do governo na taxa de crescimento é negativo. Merecem destaque, entre outros, Fölster e Henrekson (2001), Dar e AmirKhalkhali (2002), Romero-Avila e Strauch (2008), Afonso e Furceri (2010), Bergh e Karlsson (2010) e Afonso e Jalles (2011). Muitos desses estudos focam apenas países desenvolvidos.

Estudos mais recentes, contudo, utilizam metodologias ainda mais sofisticadas, com dados em painel, mas com valores limiares em que o impacto pode mudar de sinal. Exemplos de tais estudos podem ser encontrados em Asimakopoulos e Karavias (2015), Kim, Wu e Lin (2018) e Hajamini e AliFalahi (2018). Esses estudos basicamente capturam de forma empírica a hipótese de U invertido, como já apresentada, a partir de análise teórica. Normalmente, eles incluem painel com países tanto desenvolvidos como em desenvolvimento. A participação do governo no PIB que leva à mudança de regime fica, em geral, em torno de 20%, apesar de alguns estudos defenderem que não há um valor comum a todos os países. O valor desse máximo depende do nível de governança no país, segundo alguns desses trabalhos.[8] Países com mais governança tendem a ter esse percentual elevado, pois os gastos públicos são empregados de maneira mais adequada.

---

8   Ver, particularmente, Kim, Wu e Lin (2018).

Vale ressaltar que, como o percentual de 20% é superado pela grande maioria dos países, como é possível perceber na figura 3, pode-se dizer que a relação inversa prevalece. Ou seja, o impacto da participação dos gastos públicos na taxa de crescimento do PIB e, por consequência, na renda permanente média, tende a ser negativo. Nesse contexto, a proposta do socialismo a conta-gotas fere esse ideário particular das ideologias de esquerda, que é a maximização da renda permanente média.

DEMOCRACIA E TAMANHO DO ESTADO

Os argumentos expostos na segunda seção são de que há uma correlação positiva entre democracia e tamanho dos governos, medida por gastos como proporção do PIB. Essa correlação decorre do fato de que em países mais democráticos os governos tendem a estar mais sujeitos às demandas dos diversos segmentos sociais para acomodar seus interesses, e muitas delas requerem emprego de recursos públicos para sua satisfação. Mas a relação de causalidade, nesse caso, vai da democracia para os gastos do governo. Ou seja, promover esses gastos não gera mais democracia, ao menos a partir dessa relação específica.

Entretanto, também há relação de causalidade inversa. Uma sociedade que possui muitos desafios coletivos pode ser pressionada a ter um estado grande. Quando os governos são maiores, eles têm mais recursos, o que atrai interesses de mais grupos sociais na determinação da alocação desses recursos, pois os seus potenciais benefícios são maiores. Daí haverá mais disputas pelo poder para alocar os recursos públicos, com maior diversidade de grupos sociais envolvidos. O aprofundamento da democracia é uma consequência dessa busca de mais grupos sociais de participarem da determinação dos rumos da alocação de recursos. Ou seja, o crescimento do setor público provoca a democracia nesse caso, havendo causalidade do tamanho do primeiro para a segunda.[9]

Na causalidade que vai do tamanho do estado para a democracia, contudo, pode-se conceber uma relação oposta àquela apontada no parágrafo anterior. Suponha que determinado governo é controlado por um grupo restrito de indivíduos, que sob regras democráticas chegou ao poder, pois logrou obter apoio da maioria

---

9   Ver Acemoglu e Robinson (2000) para um modelo econômico rigoroso que introduz argumento semelhante a esse.

da população, mesmo que pertencente a outros segmentos sociais e com interesses diversos do grupo dominante. Nesse momento, esse grupo teria a legitimidade da democracia para mantê-lo no poder. Suponha, então, que por alguma razão, tipo evolução setorial da economia ou relações internacionais, é necessário aumentar a participação do governo no PIB. Mais grupos sociais terão interesse pelo controle do estado, já que ele tem mais poder de alocação de recursos na economia. Para manter o poder, sem dividi-lo, será racional aos controladores originais reduzir a democracia para evitar que o poder lhes escape das mãos. Dessa forma, o aumento da participação do governo no PIB terá tido um impacto negativo na democracia, contrariamente ao que foi concluído no parágrafo acima. Por conseguinte, a investigação empírica de qual das duas relações prevalece quando a causalidade vai do tamanho do estado para a democracia é uma questão a se determinar empiricamente.

Para tal, é necessário antes de tudo obter alguma medida quantitativa de democracia. Há alguns índices criados para isso. O do Polity IV Project é um deles, que traz informações para vários países e vários anos. Há também os dados da Freedom House, que combina vários aspectos da democracia, como liberdades civis, direitos políticos e individuais, e domínio da Lei. Essas categorias também podem ser combinadas para gerar um indicador de democracia. A The Economist Intelligence Unit, da Inglaterra, também criou seu índice para vários países, que é publicado desde 2006.

O índice de democracia da The Economist Intelligence Unit é formado por cinco componentes, que mensuram: (i) processo eleitoral e pluralismo, (ii) liberdades civis, (iii) funcionamento do governo, (iv) participação política e (v) cultura política. São formados a partir de combinações de 60 indicadores, que são mensurados dentro de algumas escalas, sendo elas traduzidas em índices de 0 a 10, tendo a informação original duas fontes principais: a avaliação de especialistas e pesquisas de opinião nos países.

A partir desse indicador e dos dados do FMI para a participação dos gastos do governo no PIB (média entre 2010 e 2017), construiu-se o gráfico de dispersão que aparece na figura 4, incluindo 162 países. Nela, pode-se ver que claramente há uma correlação positiva entre as duas variáveis no valor de 0,45. Ou seja, quando o índice de democracia cresce, a participação do governo no PIB também tende a crescer em paralelo.

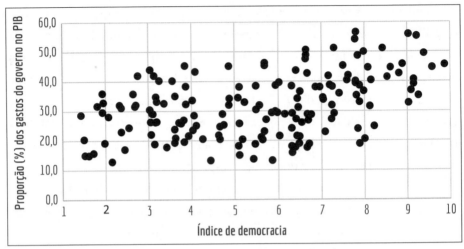

Fonte: The Economist Inteligence Unit (2018) e FMI (2018).

Figura 4: Índice de democracia em 2017 versus gastos do governo como participação do PIB (média 2010 a 2017)

Há então dois efeitos a se estimar na relação entre democracia e tamanho do governo. O primeiro é o impacto da democracia no tamanho do governo, que em geral é mais estudado na literatura em termos empíricos. O segundo impacto é o inverso, que mede o efeito do crescimento do tamanho do estado na democracia. A estimativa de tais efeitos requer métodos estatísticos um pouco mais complexos do que os métodos econométricos mais tradicionais, podendo demandar a inclusão de variáveis instrumentais e estimativa de modelos em painéis dinâmicos.

Balamatsias (2018) recorreu a dados em painéis e variáveis instrumentais para estimar o impacto da democracia no tamanho do governo, utilizando dados para 61 países entre 1993 e 2012. Os dados de democracia vieram do projeto Polity IV e da Freedom House. As variáveis instrumentais para democracia foram os índices de democracia dos países vizinhos, baseando-se em hipótese de ondas democráticas nos continentes, introduzida por Hutchinson (1991) e Acemoglu et. al. (2019). Basicamente, ele conclui que mais democracia eleva os gastos públicos, sendo esse efeito verdadeiramente robusto em países com PIB per capita maior.

Entretanto, a existência de causalidade inversa, indo dos gastos públicos para a democracia ainda não está testada empiricamente na literatura, ao menos que seja do meu conhecimento. Contudo, na verdade, essa é a relação que interessa aqui, pois a questão que se deseja responder é se a defesa de maior participação dos gastos públicos no PIB é uma bandeira política adequada para as esquerdas. O fato de as sociedades mais democráticas tenderem a ter governos maiores é de pouco interesse, pois defender os governos maiores não implica promover a democracia a partir dessa relação. Portanto, a relação relevante para o que interessa aqui é a inversa. Esta, porém, não é investigada empiricamente pela literatura econômica.

IMPACTO DO TAMANHO DO ESTADO NA DEMOCRACIA

Já que a relação relevante para os propósitos desse estudo não foi devidamente tratada em termos empíricos, uma análise estatística mais acurada foi introduzida aqui. Investigou-se com maior rigor o impacto do tamanho do estado na democracia. Para isso, foram utilizados dados em painel para 89 países no período entre 1990 e 2016. O índice de democracia utilizado foi uma composição de índices apresentados pelo Varieties of Democracy (V-Dem) Project, que é desenvolvido pela Universidade de Gotenburgo, o V-Dem Institute, a Universidade de Notre Dame e o Kellogg Institute. Detalhes da metodologia dos índices podem ser encontrados em Coppedge, et. al. (2017). Há vários índices para diversas dimensões da democracia. Utilizou-se aqui uma média simples dos cinco principais, que são: (i) democracia eleitoral, que mede o grau de submissão das autoridades representativas a eleições periódicas; (ii) democracia liberal, que mensura a proteção dada a minorias frente a imposições da maioria; (iii) democracia participativa, que calcula o quanto a sociedade participa das decisões governamentais, não só por meio do voto, mas também da organização da sociedade civil; (iv) democracia deliberativa, que avalia a força da razão e do respeito às decisões em relação aos bens públicos, como contraponto a apelos emocionais, interesses paroquiais, coerção e teias de relações solidárias parciais; e, por fim, (v) democracia igualitária, que analisa o quão próximo da igualdade estão os cidadãos para participarem dos processos de decisão pública.

A análise foi feita a partir de equação da forma:

$$\Delta d_{it} = \beta_{0it} + \sum_{j=1}^{q} \beta_{1it-j} \Delta y_{it-j} + \sum_{j=1}^{q} \beta_{2it-j} \Delta p_{it-j} + \sum_{j=1}^{q} \beta_{3it-j} \Delta g_{it-j} + e_{it} \qquad (1)$$

Onde Δd_{it} é a primeira diferença do logaritmo natural do índice de democracia no tempo t para o país i, Δy_{it-j} é a primeira diferença do logaritmo natural do PIB do país i no período t-j, Δp_{it-j} é a primeira diferença do logaritmo natural da população do país i no período t-j, e Δg_{it-j} é a primeira diferença do logaritmo natural da proporção dos gastos do governo no PIB do país i no período t-j. Os erros aleatórios e_{it} possuem média zero, mas distribuição definida com as suposições necessárias para o processo de estimação. As principais delas serão introduzidas ao longo do texto. Os parâmetros β_{vit-j}, para v = 1, 2 e 3, são constantes, mas podem variar no tempo e no espaço, dependendo das suposições de cada uma das estimativas. O q é o limite de defasagem utilizado, que será empiricamente determinado.

A forma da equação assegura que variações proporcionais em um determinado momento nas variáveis à direita possam ter um impacto futuro no índice de democracia. A antecedência nas variações de g_{it} para gerar impacto em d_{it+j} assegura a relação de causalidade apresentada. Essa antecedência também fortalece a probabilidade de independência dos erros e_{it} em relação às variáveis independentes da equação, uma suposição necessária para que os parâmetros estimados não sejam viesados.

O modelo estimado não utilizou as variáveis em níveis porque o risco de viés dos parâmetros estimados pela omissão de variáveis independentes seria maior. Assim, a definição em variação dos logaritmos naturais é mais adequada para capturar o efeito de g em d. Para que a possibilidade de existir variáveis omitidas não seja ignorada, introduz-se a ideia de que o erro pode conter autocorrelação intertemporal e, obviamente, variâncias diferentes entre eles, para cada país, apesar de sempre finitas. Por isso, as estatísticas de dispersão das variáveis serão estimadas com a correção de Newey e West para as variâncias e covariâncias dos erros.

O critério de inclusão dos países na amostra foi apenas a existência de dados para todas as variáveis nas fontes utilizadas para cada um deles em todo o período entre 1990 e 2016. Os dados para a democracia foram obtidos no V-DEM Project, como já mencionado. Os dados para as demais variáveis vieram do *World Economic Outlook* de abril de 2018, publicado pelo FMI.

Os métodos de estimação foram com dados em painéis tanto com efeito fixo como com efeito aleatório, apontando-se o que deve ser mais adequado a partir do teste de Hausman. Inicialmente, estimou-se um modelo com q=3 e efeitos aleatórios, no qual o teste de Hausman indicou que o método de efeitos fixos era mais adequado. Ao se estimar com esse método, procedeu-se a princípio com testes da hipótese de que as terceiras defasagens dos três regressores eram nulas conjuntamente. Essa hipótese não foi rejeitada a níveis de significância padrões (10%). Então, reduziu-se o modelo para apenas duas defasagens por variável. Procedeu-se de novo à estimação por efeitos aleatórios. A hipótese nula no teste de Hausman não foi rejeitada, indicando que a estimativa do modelo com efeitos aleatórios é mais apropriada. Então, esse foi o modelo escolhido.

Vale ressaltar que se utilizou tanto a hipótese de homocedasticidade com independência intertemporal dos erros como a de heterocedasticidade e dependência intertemporal dos erros, corrigindo-se as estatísticas de dispersão pelo método de Newey e West, com duas defasagens. Os resultados foram similares. Por isso, na tabela 3 os resultados apresentados são para as estimativas com correções pelo método de Newey e West, pois possuem suposições menos restritivas.

Tabela 3: Resultados da estimativa de modelo de painel com efeitos aleatórios

VARIÁVEL	COEFICIENTE	ESTATÍSTICA T	SIGNIFICÂNCIA
Constante	0,00575	1,13844	0,25494
Δy_{it-1}	0,11205	1,09726	0,27253
Δy_{it-2}	-0,13949	-1,92853	0,05379
Δp_{it-2}	0,33591	1,77904	0,07523
Δp_{it-2}	-0,07104	-0,48711	0,62618
Δg_{it-1}	0,05785	2,36793	0,01789
Δg_{it-2}	0,01791	0,86323	0,38801
Teste de Hausman (Qui-quadrado, 6)	3,423		0,75419
Teste para hipótese de que os coeficientes para g são ambos nulos (qui-quadrado, 2)	5,630		0,05989

Fonte: Estimativas próprias com base em dados do FMI e V-DEM Project.[10]

Os resultados indicam que uma variação positiva no tamanho do governo influencia positivamente e de maneira significativa o índice de democracia, fazendo-o crescer. Ou seja, essas estimativas confirmam as expectativas teóricas de que existe uma causalidade do tamanho do governo, mensurado pela participação dos gastos públicos no PIB, na democracia. Quanto maior essa participação dos gastos, maior tende a ser a democracia no futuro. Essa relação, portanto, prevalece na maioria dos países incluídos na amostra, que é a maior parte das nações no mundo.

---

10 Período da estimativa: 1993 a 2016, com 89 países e 2.136 observações, com 2.129 graus de liberdade.

Democracia Versus Renda Permanente

No capítulo 2, discutiu-se a existência de uma contradição entre distribuição de renda e renda permanente. Apesar de na maioria dessas sociedades essa contradição não chegar a ser sentida de maneira efetiva, ela existe na teoria e, quando sua relevância se aproxima da realidade concreta, as diferenças entre a esquerda e a direita liberal se tornam ainda mais óbvias. Essa relação foi importante para esclarecer o conceito de esquerda no capítulo 2.

Entretanto, não se tratou explicitamente da contradição entre democracia e renda permanente. Mas ela também existe porque uma das características essenciais da democracia é a geração e difusão de informações para um conjunto grande de indivíduos e debates de ideias. Além disso, há também um esforço de captação de posições individuais para munir os representantes da população com um apanhado razoável delas nos momentos em que decidem pela sociedade, obviamente quando há democracias representativas. Isso tudo envolve gastos que reduzem a poupança e o investimento, reduzindo o crescimento de longo prazo. Ou seja, a democracia tem um custo para toda a sociedade.

Como a informação nunca é perfeita e sem custo, pode-se dizer que sempre que a democracia se aprofunda, mais informações são disponibilizadas para todos os indivíduos e mais debates existem sobre as diversas preocupações sociais. Como consequência, maior será o custo da democracia e menor tenderá a ser a poupança e o investimento. Ou seja, há uma relação entre democracia e renda permanente semelhante à que existe entre distribuição de renda e renda permanente, objeto de discussão nos capítulos 1 e 2. A democracia, quanto mais desenvolvida for, mais impõe custos à sociedade e com isso reduz seu crescimento futuro por sacrificar a poupança. A renda permanente, por conseguinte, é sacrificada por depender de perspectivas de renda futura.

De forma geral, pode-se dizer que o aumento da democracia a partir de níveis baixos compromete muito pouco a renda permanente a partir do comprometimento de recursos para geração de informações. Porém, com o avanço dela e a maior necessidade de recursos para a produção e difusão de informações, esse comprometimento aumenta o custo em renda permanente de mais democracia. Esses vão paulatinamente se elevando, portanto, a relação inversa entre democracia e renda permanente é semelhante ao que se defendeu para a contradição entre renda permanente e distribuição de renda.

Acemoglu et. al. (2019) argumentam que a democracia na verdade promove o crescimento econômico e o PIB. Em estudos longitudinais com dados em painéis para países, eles chegam a estimar que, no longo prazo, processos de democratização podem elevar o PIB em cerca de 20%. Argumentam que a democracia: (i) encoraja o investimento por tornar o ambiente econômico mais estável; (ii) aumenta a dedicação de recursos para o ensino, elevando a escolaridade da população; (iii) leva a reformas microeconômicas estruturais importantes; (iv) melhora a oferta de bens públicos, tornando-a inclusive mais eficiente; e (v) reduz turbulências sociais. Segundo os autores, essas relações no mundo real de hoje superam a que foi delineada acima. Ou seja, caso se permita considerar o impacto do aumento da democracia na estrutura institucional da sociedade, o efeito pode ser positivo, contrabalançando aquele que os custos de informação têm na utilização dos recursos potencialmente poupáveis.

É claro que esse efeito no arcabouço institucional eventualmente se esgota e o efeito primeiro, que supõe o arcabouço institucional e a confiança que ele gera como dados, e que se baseia na constatação de utilização de recursos, passa a prevalecer. Como consequência, pode-se definir uma relação final entre democracia e renda permanente como apresentada na figura 5. A relação é positiva até certo ponto de democracia, enquanto o efeito institucional prevalece. A partir de então, o efeito negativo advindo do papel dos custos nos investimentos passa a prevalecer.

Certamente, a verdadeira esquerda defende que o equilíbrio na sociedade deve ser mais à direita no gráfico do que a direita liberal defende, podendo ser o equilíbrio nesse gráfico mais um ponto de discordância entre essas duas ideologias. A esquerda fanática, por sua vez, defende que as sociedades convirjam para pontos que são interiores à curva que aparece na figura 5, defendendo uma estrutura institucional que aloca os recursos de forma ineficiente. Por isso, advoga que a sociedade esteja em pontos sempre abaixo da linha da figura 5. Além disso, não preza pelo fluxo eficiente de informações e respeito às decisões individuais, dado um determinado sacrifício de recursos para prover informações à população. Portanto, advoga também pontos que estejam à esquerda da linha na figura 5. Ou seja, defende equilíbrios interiores, que são ineficientes.

De maneira geral, o que esse gráfico na figura 5 e toda a argumentação até então mostram é que existe um *trade-off* entre democracia e renda permanente. Esse *trade-off* tem no crescimento do tamanho do estado um dos seus canais de transmissão da profundidade da democracia para a redução do crescimento econômico. A necessidade de mais informações dos governos, a introdução de mecanismos de checagem e equilíbrio (*checking and balance*), como a introdução de auditorias e controladorias, levam a maior tamanho dos governos. Da mesma forma, o judiciário se torna mais oneroso, pois demanda mais informações para praticar uma justiça melhor. O legislativo também onera mais a sociedade para que os legisladores troquem mais informações entre eles e com seus eleitores. Tudo isso leva a mais gastos públicos.

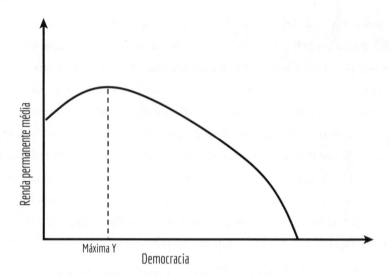

FIGURA 5: Relação teórica entre democracia e renda permanente média

Ou seja, para determinada sociedade, com sua distribuição espacial da população, nível de desenvolvimento tecnológico e preferências dos consumidores, quando a democracia se aprofunda, a participação do governo no PIB cresce para arcar com os custos dela. Essa relação existe, apesar de também haver a relação inversa, como visto empiricamente em seções anteriores deste capítulo. Nesse caso, em decorrência das mudanças nos três determinantes que foram tomados como fixos imediatamente acima, neste mesmo parágrafo. Essas relações são fundamentais para entender o tamanho ótimo do estado para as ideologias verdadeiramente de esquerda.

Conclusões

Apesar de a tese do socialismo a conta-gotas ter sido tão popular nas ideias da esquerda em todo o mundo na segunda metade do século XX, quando se considera que ser de esquerda é defender a maior democracia e renda permanente, assim como uma distribuição de renda mais equitativa, percebe-se que a simples defesa do aumento do tamanho do estado não leva a esses resultados. A distribuição de renda pode piorar com o crescimento da participação do governo na economia, pois o poder deste último pode direcionar recursos para segmentos que controlam o governo e já possuem boa renda. Essa tendência parece prevalecer em nível internacional, como demonstram os estudos empíricos. A situação do Brasil, onde burocratas de alto escalão e alta renda controlam os governos e asseguram a manutenção de suas rendas elevadas, é um exemplo típico. Com tal poder e ação, elevam a concentração de renda no país. Essa relação em si já seria suficiente para questionar a hipótese do socialismo a conta-gotas.

Além dessa falha na relação do tamanho do governo com a distribuição de renda, o crescimento econômico e a renda permanente também tendem a ser prejudicados com a maior participação do governo na economia. Ou seja, a hipótese de que o estado pode alocar recursos melhor do que os mercados ou que ele pode impulsionar o PIB em épocas de recessão e com isso elevar o crescimento econômico não se confirmam empiricamente. Na verdade, a ineficiência alocativa dos governos tende a prevalecer a partir de um certo tamanho, após o benefício das externalidades positivas e eficiência que ele pode gerar, quando muito pequeno. Esse impacto inicial advém principalmente da melhoria da estrutura institucional, que exige alguma escala para ser desenvolvida. Entretanto, a partir de uma participação do governo inferior ao encontrado na maioria das sociedades modernas, a relação negativa tende a prevalecer. Esse fato também põe em xeque a hipótese do socialismo a conta-gotas.

Na busca do aprofundamento da democracia, contudo, a influência do tamanho do governo parece corroborar a hipótese do socialismo a conta-gotas. Quando a participação do governo no PIB cresce, a democracia tende a ser mais aprofundada em períodos subsequentes. Isso significa que o maior interesse e disputa entre os diversos segmentos sociais pela influência nos governos parece prevalecer sobre outras relações que por ventura possam induzir a relação inversa. Por conseguinte, essa seria a única relação que aproxima a hipótese do socialismo a conta gotas da realidade. No entanto, com certeza não é suficiente para sua defesa. Ou seja, as esquerdas menos qualificadas precisam perceber que essa relação aparente que criaram não reflete a essência da realidade. O impacto da defesa dessa bandeira de crescimento do estado pode ser contrário aos interesses dos ideais de esquerda.

Vale ressaltar que mesmo havendo uma relação entre democracia e crescimento que seja positiva quando a economia está em alocação ineficiente de recursos, isso não quer dizer que tal relação possa inverter diretamente o impacto do tamanho do estado no crescimento econômico. Os estudos empíricos apresentados não isolam esse efeito. Portanto, eles já consideram formas reduzidas da relação, que já incluem a relação entre democracia e crescimento, quando se estima o impacto do tamanho do estado na renda permanente média ou no crescimento econômico.

CAPÍTULO **6**

TAMANHO DO GOVERNO: ESTRUTURA ÓTIMA

INTRODUÇÃO

Os gastos do governo, apesar de em geral proverem aumento de bem-estar da população, têm duas faces. Na primeira é preciso gastar, mas, para que isso aconteça, há a outra face, que é a obtenção de recursos para tal. Ele basicamente consegue esses recursos via: tributação; empréstimos, normalmente obtidos por meio de emissão e venda de títulos de dívida pública; e emissão de moeda, geralmente engordando os lucros dos bancos centrais, e o governo os recebe a partir de sua distribuição para o seu acionista único. Quando financiados com emissão de moedas em quantidade insuficiente para gerar inflação perversa, os gastos públicos sempre contribuirão para o bem-estar imediato da população. Entretanto, isso não necessariamente é sempre verdadeiro nas demais opções de financiamento. Ou seja, os gastos públicos quase sempre trazem consigo em contrapartida um impacto negativo para a população, que vem da obtenção dos recursos utilizados para seu financiamento.

A distribuição de renda, o crescimento econômico e até mesmo a democracia podem ser afetados pelas duas faces do gasto público. Ao tributar ou tomar emprestado, assim como na emissão de moeda, os governos afetam esses três objetivos da esquerda. As regras impostas podem ter consequências importantes para os investimentos, que afetam fortemente o crescimento econômico, e para a renda líquida dos cidadãos de forma não uniforme, o que altera a distribuição de renda. Impactos para a democracia são menos diretos, mas alteram a forma como os agentes públicos se relacionam com os cidadãos. Assim, em sistemas tributários complexos, por exemplo, o nível de arrogância dos fiscais da arrecadação pode reduzir muito a democracia em um país. O endividamento excessivo do governo beneficia relativamente as gerações mais velhas, penalizando as mais jovens. Isso afeta não só a distribuição de renda, mas a democracia, por comprometer a igualdade entre grupos sociais. Vale ressaltar nesse caso que parte do ônus desses gastos será pago por pessoas que certamente não participaram do processo decisório, como bebês e aqueles ainda não nascidos.

Pelo lado dos gastos públicos, é possível também alterar o nível desses três objetivos da esquerda, como visto no capítulo anterior. Além dos efeitos macroeconômicos analisados, o fato de os governos poderem gastar de formas muito diferentes termina por ter impactos possíveis muito diferenciados em cada caso concreto. Podem gastar, por exemplo, com pagamentos a funcionários públicos e governantes, ou com a contratação de construção de infraestruturas físicas. Podem também gastar com compras de bens e serviços para assegurar a gestão das instituições sociais ou com a geração de serviços para os cidadãos e políticas sociais de transferência. Cada um desses gastos pode afetar muito o nível dos três objetivos da esquerda.

Diante de tais circunstâncias, esse capítulo tratará um pouco mais da estrutura de governo e do possível tamanho ótimo, pois, quando pequeno, o seu crescimento afeta positivamente não só a democracia, mas a renda permanente média. Entretanto, ao crescer, somente a democracia é afetada positivamente pelo tamanho do estado. O impacto na renda permanente média passa a ser negativo. Por isso, torna-se menos provável que haja um impacto positivo do tamanho do estado nos ganhos percebidos por uma ideologia verdadeiramente de esquerda.

O capítulo está organizado como se segue. Na próxima seção, põe-se juntas as relações analisadas teórica e empiricamente no capítulo anterior, para se definir o tamanho ótimo do governo a partir de uma função de preferência das ideologias de esquerda. A seção seguinte traz uma comparação do tamanho ótimo do governo para as ideologias de esquerda e para a ideologia estritamente liberal. Na seção posterior, discute-se as diferenças nas concepções sobre a estrutura do governo, segundo a esquerda e as visões liberais. A seção seguinte traz algumas notas acerca dos níveis ótimos de tributação e sua progressividade dentro de uma ideologia de esquerda. A seção final reúne as principais conclusões do capítulo.

Determinação do Tamanho Ótimo do Governo

O tamanho do governo obviamente possui uma contradição aparente imediata com a renda permanente. Gastos públicos têm que ser financiados com tributos, e quanto maiores eles forem, menor será a renda de cada indivíduo a cada momento. A renda permanente, então, sofre esse impacto contábil negativo dos gastos públicos. Os diversos indivíduos em uma sociedade, contudo, recebem serviços em contrapartida pelos impostos pagos, como: segurança, justiça, diversas regulações etc. Parte desses serviços são apropriados individualmente, como a educação e os tratamentos de saúde recebidos a partir de oferta do setor público. No entanto, parte só é recebida coletivamente, como a segurança nacional e a criação e gestão de leis que regem as relações sociais.

A partir dessas primeiras ideias óbvias, pode-se começar argumentando que qualquer ideologia de esquerda defende que os gastos públicos sejam o menor possível para um dado conjunto de serviços públicos, pois a maximização das rendas permanentes demanda que o custo desses serviços seja o menor possível. Ou seja, não faz sentido defender o aumento dos custos do setor público em si. O que passa a ser objeto de discussão é o volume e a natureza dos serviços públicos defendidos.

Essas ideias básicas já mostram que algumas concepções associadas a partidos de esquerda às vezes já são contrárias ao real ideário de esquerda. Por exemplo, funcionários públicos devem ser apenas aqueles que a sociedade precisa para prestar os serviços defendidos. Algo óbvio, mas que algumas organizações de esquerda parecem não perceber, defendendo o crescimento do número de funcionários públicos como um fim em si. Racionalizam como se o indivíduo que ingressa no setor passasse automaticamente para o lado socialista da sociedade. É a versão mais grotesca do socialismo a conta-gotas. Óbvio que isso não faz parte de uma concepção realmente de esquerda.

Uma outra ideia já contestada por essas noções básicas é que o setor público não deve crescer em si, pois esse gigantismo em geral tem efeito perverso para a renda permanente média, e, como visto empiricamente, pode até ter efeito adverso na distribuição de renda. Ou seja, segmentos que se apresentam como de esquerda e defendem o gigantismo do setor público na verdade estão traindo o ideário real da esquerda, pois o crescimento do tamanho do estado em si é perverso para esses ideais, como a maximização da renda permanente e a distribuição de renda. Até mesmo a democracia pode ser sacrificada se esse crescimento ocorrer de forma inapropriada.

Para definir o ponto ótimo do tamanho do setor público, o pacote de serviços que se deseja é de fato o determinante fundamental. Há serviços iniciais que todas as sociedades demandam, como construção e manutenção de ruas e estradas, manutenção dos serviços de justiça e segurança pública, além da definição e gestão da regulação. Para esses serviços, a ideologia de esquerda não se diferencia muito de uma visão liberal e defende que o estado seja o responsável, financiando-os a partir de impostos. Assim como para os liberais, a esquerda de verdade deveria sempre defender o emprego da quantidade mínima de recursos para manter esses serviços de boa qualidade. A diferença emerge do fato de a esquerda tender a se preocupar mais com a equidade desses serviços. Porém, posições de centro direita efetivamente liberais também podem defender essa equidade.

Antes de se discutir a estrutura adequada para o setor público dentro de uma filosofia de esquerda, vale analisar um pouco mais o tamanho ótimo do governo. Essa discussão poderá elucidar algumas diferenças entre o pensamento de esquerda e o liberal. Para tal, pode-se definir uma função de bem-estar de esquerda como:

$$E = \alpha_1(1 - G) + \alpha_2(Y - T) + \alpha_3 D \qquad (1)$$

Onde E é a função de bem-estar de uma filosofia de esquerda; G é o coeficiente de Gini, Y a renda permanente média; T a carga tributária média por indivíduo que é usada para financiar os gastos públicos; e D um índice de democracia. As letras gregas são parâmetros, sendo todos eles positivos. E $\alpha_1 + \alpha_2 + \alpha_3 = 1$. A participação de cada um desses parâmetros na soma total define as prioridades relativas de cada um dos objetivos da ideologia de esquerda na composição de suas preferências.[1] Ideologias cuja ênfase maior seja na distribuição de renda terão um α_1 relativamente maior. A mesma lógica se aplica aos demais parâmetros, dadas as demais prioridades da esquerda.

A partir das relações entre tamanho do estado e as três prioridades da esquerda, discutidas em mais detalhes no capítulo anterior, é possível definir as seguintes relações:

$$G = g(S) \qquad\qquad (2)$$

$$Y = \frac{\delta \overline{Y}}{(1-S)} + \frac{\phi S}{(1-S)}\left(\overline{S} - \frac{S}{2}\right) \qquad (3)$$

$$D = f(S) \qquad\qquad (4)$$

$$SY = T \qquad\qquad (5)$$

Onde S é a proporção dos gastos públicos sobre o PIB e $\overline{S}$ é o valor de S no qual a renda permanente média atinge seu valor de máximo. $\delta\overline{Y}$ é um valor de equilíbrio da renda permanente definido a partir da disponibilidade de capital físico e humano per capita, além de vários arranjos institucionais, que definem, por exemplo, a taxa de atividade na economia. A relevância do parâmetro δ nessa equação aparecerá em seções seguintes, mas, por enquanto, ele é apenas um parâmetro irrelevante. Ou seja, as equações (2) a (4) definem relações do tamanho do governo S com o coeficiente de Gini (G), a renda permanente média (Y) e a democracia (D). Essas relações são tais que g'(S) > 0 e g"(S) > 0 são a primeira e a segunda derivadas da função g(.) em relação ao seu argumento S. A equação (3) foi apresentada com uma forma aparentemente mais complexa, mas com o único objetivo de introduzir a não linearidade teórica e empiricamente verificada, tendo como base a busca

---

1 Vale observar que isso só acontece rigorosamente caso se normalize (Y-T), (1-G) e D para que possuam as mesmas média e variância.

de uma forma funcional que tenha um máximo em $\overline{S}$ e cuja primeira derivada de (1-S)Y tenha uma forma funcional linear simples. Nesse contexto, $\phi > 0$ é um parâmetro e a primeira derivada da multiplicação apresentada em relação a S é:

$$\frac{\partial(1-S)Y}{\partial S} = \phi(\overline{S}-S)$$

(6)

Na equação (4), f'(S) > 0 e f''(S) < 0 são a primeira e a segunda derivadas da função f(S) em relação a S. As segundas derivadas das relações postuladas nas equações (2) e (4) foram definidas por bom senso a partir das motivações que definem as primeiras derivadas, já que não são discutidas na literatura. A equação (5) define apenas que a tributação média por indivíduo é igual aos gastos públicos médios por indivíduo. Uma suposição simplificadora para não ter que utilizar o caso mais realista de infinitos períodos para que esse equilíbrio fiscal ocorra.

Substituindo-se as equações (2) a (5) na (1) e extraindo-se a primeira derivada, obtém-se:

$$\frac{\partial E}{\partial S} = -\alpha_1 g'(S) + \alpha_2 \phi(\overline{S}-S) + \alpha_3 f'(S)$$

(7)

Para que haja um máximo nessa função de prioridade da esquerda, é necessário que:

$$\alpha_1 g'(S^*) = \alpha_2 \phi(\overline{S} - S^*) + \alpha_3 f'(S^*)$$

(8)

Onde S^* é a proporção do governo no PIB no seu nível ótimo para essa ideologia. Os sinais das derivadas das funções (2) e (4) e dos parâmetros são tais que asseguram ser S^* um ponto de máximo da função de prioridades da esquerda, pois:

$$\frac{\partial^2 E}{\partial S^2} = -\alpha_1 g''(S) - \alpha_2 \phi + \alpha_3 f''(S) < 0$$

(9)

Então, se o ponto com derivada zero existir, esse será um ponto de máximo da função E.

A equação (8) define a proporção ótima do governo no PIB a partir de parâmetros. Como as funções são genéricas, não se consegue uma solução explícita para ela. No entanto, algumas relações relevantes básicas podem ser analisadas. Por exemplo, é possível extrair a seguinte proposição.

Proposição 1: Entre duas ideologias de esquerda, aquela que tiver mais foco relativo na distribuição de renda, se ela for racional em suas escolhas, defenderá um estado menor.

Por definição, α_1 corresponde a relevância da distribuição de renda na ideologia de esquerda. Consequentemente, quanto maior esse parâmetro, maior será a relevância dela na ideologia. Portanto, pode-se verificar o impacto da relevância da distribuição de renda na ideologia diferenciando-se a equação (8) em relação a α_1. Tal procedimento gera:

$$\frac{\partial S^*}{\partial \alpha_1} = \frac{-g'(S)}{\alpha_1 g''(S) + \alpha_2 \phi - \alpha_3 f''(S)} < 0 \qquad (10)$$

A partir dos sinais esperados para as derivadas e parâmetros incluídos nessa equação, essa derivada é negativa, como argumentado na já apresentada proposição 1.

O impacto da relevância do desenvolvimento das forças produtivas, em uma linguagem Marxista, ou da produtividade, em uma linguagem ortodoxa, pode variar dependendo do ponto em que a participação do governo estiver em relação ao máximo de crescimento que ele puder gerar. Ou seja, quanto mais relevante for a prioridade na renda permanente média de uma ideologia, mas ela defenderá que S se aproxime de $\overline{S}$. Esse resultado é bem trivial. Mas vale lembrar que S pode ser diferente de $\overline{S}$ quando uma ideologia de esquerda combina suas três prioridades, como definido na equação (1). O resultado que pode ser obtido quando se deriva a equação (8) em relação a α_2 apenas confirma que quanto maior for α_2, ou mais importante for a renda permanente média na equação (1), mais se defenderá que S se aproxime de $\overline{S}$.

Também a partir da equação (8), é possível dizer que, quanto mais importante for a reação da democracia ao tamanho do estado (f´(S)), ou sua importância na função de preferência da esquerda (equação (1)), maior a probabilidade de o nível ótimo do tamanho do governo S* ficar à direita do ponto de máxima renda permanente média $\bar{S}$, ou maior as chances de S*>$\bar{S}$. De modo contrário, quanto maior for a reação do coeficiente de Gini ao tamanho do estado ou a relevância da distribuição de renda nas preferências da esquerda (α_1), maior a chance de S*<$\bar{S}$. Ou seja, enquanto a importância da distribuição de renda puxa a participação do governo no PIB para baixo, a da democracia puxa S para cima.

Esquerda Versus Liberais na Determinação do Tamanho Ótimo do Estado

A partir da equação (1), pode-se definir o pensamento liberal como um caso particular do pensamento de esquerda, em que $\alpha_1 = 0$. Ou seja, um liberal seria essencialmente um indivíduo de esquerda que não se preocupa com a distribuição de renda. Apenas com a maximização do bem-estar médio da população e da democracia. Essa seria uma definição simples e radical da diferença entre essas duas vertentes ideológicas, quando expressada em uma equação simples.

Na equação (10), a derivada mostrada de S* em relação a α_1 é parcial. Ou seja, não considera a restrição de que $\alpha_1 + \alpha_2 + \alpha_3 = 1$. Essa última relação implica que um aumento de α_1 deveria trazer também uma redução de α_2, α_3, ou $\alpha_2 + \alpha_3$. Esse fato não foi considerado. Se supusermos α_3 constante, teremos uma situação mais propícia para analisar a diferença entre liberais e esquerda. Neste caso, é razoável reescrever a restrição como $(\alpha_1 + \alpha_2) = (1 - \alpha_3)$. E a equação (8) como:

$$(S^* - \bar{S}) = \frac{\alpha_3 f'(S^*) - \alpha_1 g'(S^*)}{\phi[(1 - \alpha_3) - \alpha_1]} \qquad (8')$$

Nessa equação, percebe-se que se $\alpha_1 = 0$, automaticamente S* > $\bar{S}$, pois o denominador da equação (8') é sempre positivo, assim como o primeiro termo do numerador. Ou seja, em uma visão liberal radical, o tamanho ótimo do estado será maior do que aquele que maximiza a renda permanente média. Isso decorre da existência de efeito positivo do tamanho do estado na democracia. A preocupação dos liberais com a democracia puxa esse tamanho um pouco para cima, já que a democracia cresce com o aumento do tamanho do estado.

Para que S*< $\bar{S}$ ou o tamanho ótimo do estado seja menor do que o ótimo definido apenas pela maximização da renda permanente média, é necessário que $\alpha_1 g'(S^*)$ > $\alpha_3 f'(S^*)$. Ou seja, a importância da distribuição de renda na preferência política (equação (1)) tem que ser suficientemente elevada. Isso mostra que a esquerda de verdade não só pode como tende a defender um estado menor do que os liberais, de modo contrário ao que normalmente se pensa. Essa associação da esquerda com estado grande foi uma ilusão gerada a partir de uma ideologia do socialismo a conta-gostas, que não faz o menor sentido como ideologia realmente de esquerda.

Vale observar, contudo, que é possível que a elevação da importância da distribuição de renda na preferência política leve a um estado maior. Mas isso só vai ocorrer em casos particulares. E, mesmo que ocorra, ainda assim não implicará que o estado sob uma ideologia liberal será menor do que sob uma ideologia de esquerda verdadeira.

Para comparar essas duas ideologias a partir da equação (8'), pode-se subtrair sua versão sob uma ideologia de esquerda da versão sob uma ideologia liberal, que implica que $\alpha_1 = 0$. Dessa forma, obtém-se:

$$(S_L^* - S_E^*) = \frac{\alpha_3[f'(S_L^*) - f'(S_E^*)] + \alpha_1 g'(S_E^*)}{\phi[(1 - \alpha_3) - \alpha_1]} \qquad (\; 11 \;)$$

Suponha que $S_L^* < S_E^*$ nessa equação (11). Como f''(S)<0, isso implicaria que $f'(S_L^*) > f'(S_E^*)$. Mas, se isso for verdade, o numerador do termo à direita na equação (11) seria positivo e $S_L^* < S_E^*$ pela equação. Isso, então, seria um absurdo, portanto, o termo à direita da igualdade será sempre positivo e $S_L^* < S_E^*$. Ou seja, a esquerda sempre defende um estado menor do que os liberais se as relações teóricas postuladas nas equações de (2) a (5) forem corretas, como os resultados empíricos demonstram. Essa ideia de defender estado grande é estranho à verdadeira esquerda. Ela apenas se propaga em segmentos que se apresentam como sendo de esquerda, mas que na verdade não passam de um amontoado de interesses corporativos. Ou seriam parte do que Marx e Engels chamaram de Socialismo Utópico.

Determinação da Estrutura Ótima de Governo

A maioria dos serviços públicos que não são direcionados diretamente para manter a ordem e a eficiência básica da sociedade possuem impactos diferenciados na renda permanente média, na distribuição de renda e na democracia. Por exemplo, gasto público em cursos universitários em universidades que são frequentadas preponderantemente pelos segmentos mais ricos da sociedade pode até elevar a renda permanente média, mas terá impacto maior na renda dos segmentos mais ricos, e por isso deverá concentrar a renda nas mãos dos segmentos mais abastados. Se essa sociedade exigir muitos recursos individuais para ser votado, tal prática também compromete a democracia, pois desequilibra a probabilidade de grupos sociais distintos serem eleitos. Ou seja, essa não é uma política que deva ser defendida pelas esquerdas de verdade, apesar de no Brasil alguns indivíduos insistirem em se autoproclamar de esquerda e defender o financiamento público da educação superior, enquanto se mantém a elite do ensino básico no setor privado. Neste caso, o óbvio é defender que os subsídios ao ensino superior sejam direcionados aos indivíduos, não à universidade, e que ele seja definido não apenas por desempenho em exames, mas pelas rendas familiares dos estudantes. Esta sim seria uma política de esquerda.

Diante do problema apresentado no parágrafo anterior, percebe-se que a questão do tamanho do governo, mesmo sendo importante, não é a única que divide as ideologias. A verdadeira esquerda, quando defende maior igualdade de renda, maximização da renda permanente média e maior democracia, também defende uma estrutura de políticas públicas mais adequada às suas preferências. Ou seja, defende um estado pequeno, mas que, além disso, deve ter uma estrutura bem diferente daquele que emergiria sob a hegemonia de uma ideologia liberal.

As decisões na maioria das sociedades, porém, são frequentemente comandadas por interesses corporativos de grupos particulares. Por isso, não é incomum se incluir entre as demandas supostamente de esquerda maiores gastos para serviços públicos que beneficiem segmentos das elites. Mesmo que gerem aumento da renda permanente média, possuem impacto perverso na distribuição de renda e na democracia. Subsídios públicos ao ensino superior com maior concentração de membros das elites é um exemplo. Subsídios à previdência do setor público quando os pagamentos são excessivamente concentrados em remunerações a segmentos mais ricos da sociedade, como ocorre no Brasil atualmente, também gera concentração de renda, nesse caso sequer com aumento da renda permanente média na sociedade.

Tais políticas, então, não fazem parte de um receituário de esquerda, apesar de alguns partidos que se apresentam como de esquerda no Brasil defenderem ambas as políticas. Esses exemplos indicam que as associações de esquerda, sejam elas partidárias ou não, são muitas vezes capturadas por interesses corporativos de segmentos sociais que compõem a elite social e passam a defender interesses particulares, mesmo que contrários aos verdadeiros ideais da esquerda.

O caso do Movimento dos Trabalhadores Rurais Sem Terra no Brasil também é interessante para avaliar a postura de esquerda. Alguns partidos e indivíduos que se apresentam como de esquerda defendem que se subsidie esse movimento a partir de recursos públicos e se apoie suas invasões a terras privadas. Certamente, tal prática melhora a distribuição de renda, pois os Sem Terra fazem parte dos segmentos mais pobres da sociedade brasileira. Entretanto, a insegurança que a possibilidade de invasão causa nos proprietários de terra faz com que a produtividade no campo seja reduzida. Empresários investem menos nos negócios rurais por temerem invasões, reduzindo a produtividade. Por consequência, desloca o equilíbrio no espaço apresentado na figura 5 do capítulo 2 para baixo e para a direita, porém afastando-se da curva limítrofe que aparece naquela figura. Ou seja, apesar de ainda consistir em uma política de esquerda, é parte do receituário da esquerda retrógrada. Reduz a produtividade da economia, o que afronta um dos pilares fundamentais da ideologia verdadeiramente de esquerda, que é a maximização da renda permanente média. Empoderar os Sem Terra força a queda da eficiência social, o que é contrário ao receituário de uma esquerda de verdade.

Além disso, cabe ressaltar que é possível que o aumento do poder social dos Sem Terra concentre renda. Apenas poucos indivíduos se beneficiam com a distribuição de terras. Entretanto, as incertezas geradas levam à queda de produtividade no campo, como já argumentado. Isso tende a elevar o custo e os preços relativos dos produtos agropecuários, como os alimentos. A maioria pobre das áreas urbanas gasta um percentual maior de sua renda nesses produtos do que os mais ricos. Por conseguinte, podem se tornar relativamente mais pobres com essa queda de produtividade no campo. Nesse caso, o apoio ao Movimento dos Trabalhadores Rurais Sem Terra passa a ser fortemente contrário aos ideais de esquerda, pois nem como proposta para distribuir renda serviria.

Enfim, diante da necessidade de se definir o que seria o pacote de serviços a serem prestados pelos governos, a esquerda de verdade, diferentemente de uma visão liberal, inclui aí políticas que venham a promover a maior igualdade de oportunidades e de renda entre indivíduos, apesar de priorizar um tamanho menor do estado, como já visto. No entanto, quando inclui ênfase na democracia, a ideologia de esquerda tende a defender um estado maior do que os liberais, se esses não tiverem a mesma prioridade democrática, como se supôs na seção anterior.

A política de oferta gratuita de serviços de educação tem como objetivo principal promover a maior igualdade de renda e maior renda permanente, a partir da aceleração do crescimento, quando a qualidade da educação melhora. Por isso, essa é uma das principais bandeiras da verdadeira esquerda. Mas isso tem que ser feito com oportunidades educacionais iguais para todos, não com privilégios para segmentos específicos, como às vezes se defende. Ou seja, por decorrência desse item, a esquerda tende a demandar um estado maior do que as posições liberais, mas sempre dentro de uma lógica que reduza a desigualdade de renda e de oportunidades.

A esquerda também tende a defender a prestação de serviço público de saúde de melhor qualidade a todos os cidadãos. Esses gastos, se direcionados a todos igualmente, tendem também a reduzir a desigualdade de renda entre indivíduos. Os mais pobres passam a ter mais acesso a serviços com qualidade mais próxima aos que atendem os mais ricos, gerando igualdade em um serviço tão básico a todos e de custo tão elevado em sociedades modernas. Essa postura da esquerda é diferente da visão liberal, que em geral defende que, sendo esse um serviço para o qual há apropriação privada dos resultados, cada indivíduo deveria ter direito a escolher quanto compra. Isso, contudo, gera muita desigualdade na provisão desses serviços, e de forma desnecessária. Obviamente, exclui-se dessa análise os serviços que são apenas estéticos, como algumas plásticas.

A esquerda pressupõe que parte das desigualdades de renda é gerada por condições sociais que independem dos esforços individuais, como visto no capítulo 3. Então, políticas compensatórias de transferência de renda para os segmentos mais pobres, com vistas a reduzir o potencial espectro de desigualdades, são bem-vistas por essa ideologia. Poderiam compensar indivíduos que teriam sido excessivamente prejudicados por condições sociais adversas que independem deles. As ideologias liberais, por sua vez, sempre partem do pressuposto de que há um componente de esforço individual forte nos desempenhos econômicos e profissionais individuais. Por isso, tendem a olhar para esses programas de transferências de renda com menos tolerância. Este tende a ser um divisor importante entre as duas ideologias confrontadas nesse parágrafo.

Na decisão sobre investimentos em infraestrutura, a posição da esquerda é bastante semelhante àquelas das visões liberais. Tanto no que diz respeito à estratégia para se encontrar um nível socialmente ótimo, que deve ser financiado a partir de recursos públicos, como à estratégia de atribuir pagamentos pelos usuários, já que a utilização não é equitativamente distribuída. Por exemplo, estradas e ruas elevam a renda permanente média em uma sociedade, por isso devem ser objeto de investimento público, segundo quase todas as ideologias. Entretanto, como distorcem um pouco a distribuição de renda de forma perversa, porque os mais ricos utilizam mais veículos automotores, a introdução de pedágios em estradas e uma alta participação dos impostos sobre esses veículos nos financiamentos delas são estratégias defensáveis pelas ideologias verdadeiramente de esquerda. Nesse caso, contudo, a esquerda tende a advogar um volume menor de investimentos do que os liberais, por sua maior prioridade por um estado menor.

De maneira geral, sempre que as infraestruturas elevarem a renda permanente média, mas viesarem os benefícios para os mais ricos, as ideologias de esquerda serão a favor de cobrança pela utilização como forma de financiamento da maior parte dos investimentos necessários. De modo contrário, quando o benefício for igualmente distribuído ou viesado para os mais pobres e elevarem a renda permanente, as esquerdas defendem que seu financiamento seja feito pelo setor público. Investimentos em infraestrutura podem elevar a renda permanente média e também contribuir para a melhoria da distribuição de renda. Essas posições são bem semelhantes àquelas dos liberais. A exceção é a ênfase no papel na distribuição de renda quando for definir a estrutura de financiamento.

As posições das esquerdas e das ideologias liberais são bem semelhantes no que diz respeito ao tamanho e natureza da burocracia e do custos de regulação e gestão das regras. Esses custos devem ser os mais baixos possíveis, pois representam ônus para a sociedade. São maus necessários e que por isso devem cumprir seu papel, mas ao menor custo possível. As regulações também devem ser as mínimas necessárias para o bom funcionamento da sociedade. Regras demais tolhem a democracia e elevam custos operacionais para as empresas, reduzindo a renda permanente. Geram custos sem proporcionar uma contrapartida de bem-estar para a sociedade, muitas vezes só beneficiando seus gestores e burocratas envolvidos. Ou seja, a esquerda é bem liberal no que diz respeito a esse tipo de custo social. É contrária aos defensores de estado grande e forte, que são os que defendem excessos nessas áreas, basicamente porque se beneficiam deles.

Uma prática que se tornou muito comum em vários países, incluindo o Brasil, foi os governos criarem políticas específicas de suporte ao desenvolvimento de setores selecionados. Subsídios, acesso a créditos preferenciais, tributação diferenciada, entre outras políticas que apresentam custos fiscais diretos. Ou seja, os governos gastam dinheiro para financiar tais políticas, tendo como argumento o impacto positivo que elas teriam na renda permanente média da sociedade. As experiências dos países asiáticos, como Coreia, Taiwan, China, entre outros, e mesmo da América Latina, como o próprio Brasil, são mencionados como exemplos de sucesso dessas políticas. Entretanto, há também muitos exemplos de políticas setoriais que trouxeram pouco ou nenhum benefício efetivo para a população. Apenas consumiu recursos públicos.

Os argumentos favoráveis a tais gastos são que falhas de mercado justificariam uma intervenção na alocação de recursos feita apenas pelo mercado para que ela fosse mais eficiente na geração de crescimento. A existência de retornos crescentes de escala, falhas de coordenação, externalidades, bens públicos, restrições creditícias e informação imperfeita seriam as falhas que tornariam ineficiente a alocação de recursos apenas pelos mercados. As políticas setoriais corrigiriam os efeitos perversos de tais distorções no crescimento da renda média.

Os céticos com relação às políticas setoriais argumentam que as ineficiências e incapacidades dos governos de melhorarem a alocação de recursos levariam a mais custos para a sociedade do que as perdas geradas por essas falhas de mercado. Por isso, seria melhor evitar tais intervenções. Além disso, elas em geral são capturadas por grupos de interesses específicos que as utilizam para elevar sua renda, em detrimento do resto da sociedade.[2] Segundo essa linha de argumento, o impacto de tais intervenções na renda permanente média e mesmo na distribuição de renda seriam perversos para o ideário de esquerda. A captura de parte do estado por interesses de setores específicos também reduz a democracia.

Vários estudos empíricos mostraram que os efeitos negativos tendem a prevalecer sobre os efeitos positivos das políticas setoriais. Ou seja, tais práticas terminam apenas enriquecendo segmentos sociais específicos, em detrimento de toda a sociedade.[3] Assim, nesse caso, uma posição de esquerda se torna muito parecida com a visão liberal mais radical. Tais subsídios não devem existir, pois além de não aumentarem a renda permanente média, ainda pioram a distribuição de renda. O potencial impacto na corrupção, que muitas vezes acontece na definição dessas políticas, ainda corrói a democracia. Isto é, tais práticas são contrárias a todos os ideais de esquerda.

Outra prática de política de desenvolvimento econômico tem sido a de intervir de forma discricionária na economia, seja com subsídios ou tributos diferenciados por produtos, com vistas a distorcer os preços relativos. Alguns acreditam que isso pode melhorar a alocação de recursos na economia e acelerar o crescimento econômico. A ideia por trás é que o mercado não é eficiente na alocação de recursos. As falhas de mercado são tais que governos conseguem melhorar os incentivos de mercado com intervenções. As evidências empíricas, contudo, mostram que isso não é verdade. Distorções de preços minam o crescimento por introduzir ineficiências na alocação de recursos e incertezas quanto à sua continuidade. Por isso, os empresários investem menos e demandam maiores taxas de retorno para compensar os riscos que as intervenções geram.

---

2   Ver Krueger (1974)

3   Barros (2011 e 2018) mostra esse fato para o caso do Nordeste e os estímulos a industrialização.

A consequência final dessas intervenções são menores crescimento econômico e renda permanente média, além de geralmente concentrar renda nas mãos dos empresários dos segmentos favorecidos. Não é incomum também elevar a corrupção e a renda da alta burocracia do setor público. Como consequência, essas políticas também são perversas para a distribuição de renda e a democracia, pois criam muitos incentivos à falta de transparência nas informações, a fim de ocultar os ganhos dos beneficiários. Portanto, as distorções de preços relativos são políticas completamente contrárias aos ideais de esquerda.

Arrecadação de Tributos

No que diz respeito à arrecadação de tributos, as ideologias de esquerda tendem a advogar que seja utilizada para reduzir as desigualdades de renda. Por isso, a estrutura tributária, nessa visão, deve ser mais progressiva. Os indivíduos com renda maior devem contribuir mais, pagando uma proporção maior de seus rendimentos ao governo. Vale lembrar, entretanto, que os impostos não têm todos o mesmo impacto no crescimento econômico. Então, deve-se priorizar também aqueles que reduzam menos o crescimento. Ou seja, a estrutura tributária defendida pela esquerda, assim como com a estrutura de gastos, possui mais de uma variável na determinação de seus valores ótimos. O impacto de cada imposto tanto na distribuição de renda como no crescimento deve ser incluído nessa equação de determinação de estrutura tributária ótima.

Além disso, a preocupação com a distribuição de renda leva à inclusão de determinação de progressividade ótima dos tributos, além de gastos e nível total de tributação, como feito na seção 2. Utilizando o conceito de tributo médio per capita T incluído na equação (1), pode-se definir com um pouco mais de rigor:

$$T = \sum_{i=1}^{n} \frac{s_i y_i}{n} \qquad\qquad (12)$$

Onde n é o número de indivíduos na sociedade, y_i é a renda do indivíduo i e s_i é sua carga tributária, como proporção de sua renda. Essa carga tributária, de forma genérica, pode ser definida como:

$$s_i = s_0 + s\, y_i \qquad (13)$$

Onde s_0 é um valor inicial que incidirá sobre rendas infinitesimalmente próximas a zero e s é um valor que define como a carga tributária cresce com a renda individual. Esse parâmetro define a progressividade dos tributos. Quanto maior ele for, mais progressiva é a carga tributária. Obviamente, não há país em que essa relação de progressividade seja contínua, como apresentada na equação (13). Essa forma é apenas uma simplificação para se entender o argumento. Em uma visão estritamente liberal, s=0 e todos os indivíduos possuem a mesma carga tributária. Ou seja, a tributação não tem impacto na distribuição de renda.

A partir desses conceitos, é possível definir:

$$\delta = \delta(s) \qquad (14)$$

O parâmetro δ introduzido na equação (3) agora foi posto como uma função de s, introduzido na equação (13). Além disso, supõe-se que $\delta'(s) < 0$ e $\delta''(s) < 0$. Essa relação introduz no modelo da seção 2 a hipótese de que a renda permanente média cai quando a progressividade dos impostos aumenta. Isso deve ocorrer porque os mais ricos se tornam muito tributados e reduzem seus investimentos, podendo inclusive migrar para outros países. Nessa equação, $\delta(0)=1$. A segunda derivada é definida como negativa porque, quando a progressividade aumenta (s cresce), é provável que o impacto na renda permanente média estrutural seja cada vez maior, pois os incentivos à produção das elites vão se corroendo e começam a ter efeitos cada vez mais elevados. No começo, com s baixo, o impacto é pequeno, mas tende a crescer quando a progressividade aumenta.

Além dessa nova equação que define δ como função de s, é necessário expandir a equação (2) para:

$$G = g(S, s) \qquad (2')$$

Onde $g_2'(S, s) < 0$ é a derivada da função g(S,s) em relação ao seu segundo argumento, s. O sinal dessa derivada implica que, quando s cresce, o coeficiente de Gini cai. Ou seja, quando aumenta a progressividade da tributação, o coeficiente de

Gini cai, porque as rendas individuais utilizadas para medi-lo são rendas líquidas. Também é possível definir $g_{22}(S,s)=0$. Ou seja, a segunda derivada em relação ao segundo argumento da função é nula. Poderia ser ligeiramente positiva, pois quando s cresce é razoável que os ricos com maior capacidade de migrar o façam. Com isso, o impacto de novas progressividades vai decaindo, pois os que ficam deverão ter menor facilidade de migração.

Substituindo as equações (14) e (5) na (3), e o resultado, junto com as equações (2') e (4) na equação (1), e tirando-se a derivada em relação a s, obtêm-se:

$$\frac{\partial E}{\partial s}=-\alpha_1 g'_2(S,s)+\alpha_2 \delta'(s)\dot{Y} \qquad (15)$$

Para que o s = s* definido seja um ponto de máximo, essa derivada terá que ser igual a zero. Assim:

$$-\alpha_1 g'_2(S,s^{\iota})=-\alpha_2 \delta'(s^{\iota})\dot{Y} \qquad (15')$$

Por causa dos sinais das derivadas, ambos os termos da equação (15') são positivos. O s* que satisfizer essa equação será o coeficiente de progressividade que maximiza a função preferência da esquerda definida na equação (1). Cabe observar que a condição de segunda ordem (suficiente), que é a segunda derivada ser menor do que zero, é satisfeita nesse caso, dados os sinais dos coeficientes, variáveis e derivadas incluídos na equação (15). Em uma solução interior, s* > 0. Isso significa que haverá um nível ótimo de progressividade dos tributos, acima de zero.

Essa conclusão revela outra diferença importante entre uma ideologia liberal e uma de esquerda. A primeira defende a neutralidade da tributação. Isso significaria que não haveria a progressividade defendida pela esquerda. Ou seja, s* = 0. Uma ideologia verdadeiramente de esquerda, contudo, daria importância ao impacto da progressividade na distribuição de renda e na renda permanente média. Ou seja, o valor de s de equilíbrio (s*) não é o máximo possível, para não vir a deteriorar muito a renda permanente média, como ocorreu na década de 1980 na Suécia.

Conclusões

O tamanho ótimo do governo para as ideologias de esquerda não é elevado, diferentemente do que pensam muitos esquerdistas desorientados. A participação do governo na economia pode ser menor do que essa proporção sob ideologias liberais. Isso decorre do fato de que a distribuição de renda piora quando os governos crescem, por causa do maior incentivo à apropriação dele por segmentos sociais específicos. Normalmente, esses segmentos já fazem parte da elite de um país e, por isso, quando se apropriam do governo e formatam as políticas públicas para beneficiá-los, elevam a concentração de renda em suas mãos. Essa situação não depende de controle do governo por mega-empresários ou capitalistas. A própria burocracia estatal pode gerar esse efeito, como fez na União Soviética e no Brasil. Obviamente, a apropriação também inclui setores empresariais importantes, pois esses muitas vezes são o caminho para o enriquecimento da burocracia.

A esquerda também defende uma maior progressividade dos tributos do que as ideologias liberais, se na sua versão mais ortodoxa, que defende neutralidade distributiva da carga tributária. Tal progressividade, contudo, tem limite. A ideia defendida pela esquerda festiva de uma progressividade tributária que elimine as desigualdades de renda por completo não faz parte das ideologias de esquerda de verdade. Pois tal regime tributário penaliza demais a renda permanente média.

A esquerda também defende uma estrutura de políticas públicas bem diferente das alianças corporativas que tomaram conta dos partidos que querem ser de esquerda. Por exemplo, o ensino superior público e gratuito só é uma bandeira de esquerda se o acesso a ele distribuir renda, diferentemente do que ocorre no Brasil e na maioria dos países em que simplesmente os governos bancam o estudo superior. Essas políticas tendem a ser concentradoras de renda. Somente se seu impacto na renda permanente média for elevado, tal política pode ser defendida pela esquerda. Em geral, é mais eficaz subsidiar o ensino superior de pessoas advindas de domicílios com um nível de renda baixo por habitante. Como esse, há vários outros exemplos de políticas contrárias aos ideários de esquerda que são defendidas por partidos apropriados por interesses corporativos, mas que se apresentam como de esquerda. Alguns deles também foram discutidos ao longo dos capítulos.

CONCLUSÕES

INTRODUÇÃO

Este livro partiu da identificação de uma necessidade clara existente: fazer uma análise mais aprofundada do que é ser de esquerda hoje. As mudanças ocorridas ao longo do século XX, desde as revoluções socialistas na Europa, quanto às diversas práticas de regimes socialistas, tanto naquele como nos demais continentes, levaram a tal necessidade. Esses fenômenos geraram experiências concretas nas relações políticas em diversos países, assim como em processos de desenvolvimento econômico e social. No início das ideologias de esquerda, no século XIX, essas experiências não eram conhecidas e as relações sociais e políticas eram menos complexas. As instituições eram mais simples, e a capacidade de difusão e discussão de ideias, mais restrita. Essas mudanças levaram à necessidade de se entender o que de fato é ser de esquerda no contexto atual.

O desafio inicial aqui proposto foi o de aprofundar o conceito de esquerda e entender as relações que definem quando bandeiras políticas são mais ou menos de esquerda. Ao longo da história das ideias políticas, econômicas e sociais, muitas vezes passou-se a considerar como de esquerda algumas ideias totalmente estranhas à essência de esquerda. Elas se juntaram aos ideários desta a partir da postura corporativa de grupos sociais que se alinharam com elas em alguns momentos específicos e conseguiram mesclar seus interesses dentro da ideologia de forças políticas de esquerda. O resultado é que essa ideologia terminou por se afastar muito de sua essência e perder muitos de seus potenciais defensores, que se distanciaram por causa das contradições com as quais se defrontaram.

Este livro se propõe a realizar tal aprofundamento partindo da identificação de três pilares básicos do pensamento de esquerda, que são apresentados como definidores de sua essência. Esses pilares foram identificados a partir daquilo que moveu a maioria das pessoas que em algum momento se aproximou de tal ideologia. A frustração com a postura dos partidos de esquerda quanto à real perseguição desses ideais foi, infelizmente, o motivo do afastamento de muitas pessoas com coração de esquerda. Pois não conseguiram se identificar com as propostas e práticas desses partidos.

O livro parte de uma reinterpretação da natureza humana, fundamentada em desenvolvimentos recentes da biologia e, principalmente, na Teoria da Evolução, como proposta por Charles Darwin e refinada ao longo de mais de um século de pesquisas científicas na área. A próxima seção apresenta comentários gerais sobre essa natureza humana. O capítulo 1 apresenta uma filosofia da história que a detalha mais, além de discutir como ela determina a evolução histórica da humanidade a partir da interação entre indivíduos com base nessa natureza. A seção seguinte traz comentários gerais sobre a essência da esquerda, apresentando de forma sintética aquilo que foi discutido no capítulo 2. As seções posteriores discutem em mais detalhes duas das essências, que são as defesas da igualdade e da democracia. Esses componentes da essência e sua relação com a esquerda foram melhor discutidas nos capítulos 3 e 4, respectivamente.

A seção subsequente traz uma análise do socialismo concreto e algumas avaliações de porque ele pode ter dado errado e a relação desses sistemas de governo com as ideias de esquerda. A seção final desta conclusão encerra o livro fazendo uma breve análise dos partidos políticos no Brasil e do pensamento de esquerda. Aí se argumenta que os partidos que se dizem de esquerda no Brasil estão hoje muito longe disso. Ou seja, o Brasil carece de um partido realmente de esquerda.

MENOS RELIGIOSIDADE NA INTERPRETAÇÃO DA ESSÊNCIA DO SER HUMANO

As ideologias modernas são muito baseadas em fundamentos religiosos. A sociedade ocidental tem sua ontologia do ser humano umbilicalmente ligada ao cristianismo, cujas concepções sobre a natureza humana foram desenvolvidas ao longo de mais de 2 mil anos de história. Esses princípios ontológicos moldaram o pensamento da maior parte de seus filósofos importantes, como Hegel, Kant e até mesmo Marx, entre vários outros. A ideia era a de que existe um ser humano que é intrinsecamente diferente dos animais e que, sabendo distinguir o bem do mau, deverá optar pelo bem, caso não haja um ambiente social que os desvie de tal preferência.

A própria criação de Deus ou Jesus nessas sociedades teve como base a consolidação desse conceito de ser humano. Puro, bom na sua essência e sempre querendo o bem de todos. Essa concepção é encontrada nas ideias da maioria dos filósofos ocidentais. Também é a porta de entrada de todos os indivíduos que um dia foram simpatizantes de ideologias ou posições político partidárias de esquerda. É um ideário do ser humano oriundo de sua aversão ao risco. Em uma sociedade em que essa natureza prevaleça, estaremos todos sujeitos a menos riscos de sofrimento, pois uma parte não desprezível de tais riscos advém de potenciais perversidades de outros indivíduos da mesma espécie.

Na filosofia ocidental, circunstâncias momentâneas específicas podem levar ao desvio de conduta dos seres humanos desse ideal de bondade. Essas circunstâncias podem emergir por razões distintas. Podem decorrer da ignorância ou domínio de qualquer dos pecados capitais, como na ideologia cristã. Ou da ausência do domínio da razão, como em Hegel. Os conflitos de classe, como preconizado por Marx, também podem originar tais desvios de conduta do ideal cooperativo. No entanto, essas filosofias sempre apregoam que de alguma forma o modelo ideal prevalecerá, seja pelo papel de lideranças sábias, como em Hegel, ou pelo fim da sociedade de conflitos, com a revolução socialista, como em Marx. As igrejas cristãs apresentam uma solução individual, independentemente do coletivo, que seria a vida eterna em um paraíso já existente. Para chegar lá, basta cooperar sempre.

Aqui rompeu-se com essa ideia de convergência para um mundo feliz. O ser humano foi posto de volta em sua realidade, sendo apenas mais um animal forjado pela evolução das espécies. Nesse processo, ganhou uma capacidade de raciocínio superior à dos demais animais, mas isso não faz dele algo suficientemente diferente para livrá-lo da semelhança com esses últimos. Assim como todos os animais, vive em batalha permanente para sobreviver. E essa batalha é definida a partir do ponto de vista individual. Cada indivíduo busca sua própria sobrevivência.

Entretanto, há uma diferença importante em relação a vários animais. Vivemos em sociedade e por isso possuímos alguns instintos de preservação coletiva, assim como outros animais. O altruísmo seria um desses instintos que nos conduz à cooperação com nossos semelhantes. Além deles, há outras motivações racionais, não instintivas, que também podem levar à cooperação. Mutualismo e aversão ao risco seriam essas bases racionais de cooperação. Ou seja, são características intrínsecas do ser humano sua capacidade e disposição a cooperar com seus semelhantes, algo existente também entre outros animais, como formigas e abelhas, e mesmo em outros mamíferos, como leões e búfalos.

Apesar disso, nem sempre cooperamos, pois as necessidades de sobrevivência e bem-estar individual podem prevalecer em vários momentos. Uma diferença para outros animais é que a existência de motivações racionais e a maior racionalidade humana fazem com que a decisão de cooperar não seja tão automática como entre os demais animais cooperativos. Às vezes ela prevalece, mas em outros momentos e circunstâncias preferimos não cooperar com nossos semelhantes. A cada momento os indivíduos podem se comportar de duas formas distintas. Em uma delas cooperam com seus semelhantes para construir uma situação de maior bem-estar para todos os envolvidos. Entretanto, também podem não cooperar e tentar se beneficiar da cooperação dos demais e terminar com um nível mais elevado de bem-estar individual, mesmo que em detrimento dos demais.

Essa visão de ser humano implica que o humanismo do ideário de esquerda pode prevalecer, sem ter que se recorrer às ameaças ilusórias apresentadas pelas estratégias religiosas. Entretanto, tal caminho não será trilhado apenas a partir da destruição de empecilhos ao seu predomínio, como suposto por Marx. Tampouco ocorrerá necessariamente pela evolução natural da sociedade e o maior predomínio da razão, como defendido por Hegel. Tem que ser construído a partir de ações racionais, mesmo quando motivada por altruísmo. Deve ser perseguido por causa da conclusão racional de que a cooperação é benéfica para todos. A construção de instituições sociais que facilitem a cooperação e penalizem a não cooperação são os instrumentos para fazer prosperar o mundo cooperativo. Esse é o papel dos partidos e movimentos sociais de esquerda.

Essência da Esquerda

Nesse contexto, a essência da esquerda pode ser definida a partir de três princípios fundamentais, além de seu alicerce básico, que é a possibilidade de cooperação frequente como instrumento de promoção do bem-estar comum. São eles: (i) a promoção da igualdade material entre indivíduos; (ii) a busca permanente por uma organização política que tenha a democracia como seu principal pilar; e (iii) a persistente promoção do desenvolvimento das forças produtivas. A cooperação entre os indivíduos deve ter como objetivos gerais a promoção desses três princípios, pois eles levarão a maior bem-estar geral. Isso significa que a esquerda deve buscar instituições, sejam formais ou informais, que promovam a igualdade, a democracia e o desenvolvimento das forças produtivas.

Obviamente, haverá situações em que esses objetivos serão contraditórios entre si. É possível que regras ou ações coletivas que promovam a igualdade corroam a democracia ou o desenvolvimento das forças produtivas, por exemplo. Nessas situações, cada ideologia de esquerda deverá optar por níveis de sacrifícios aceitáveis. Isso faz com que seja sempre possível existir mais de uma visão de esquerda a cada momento. As proporções de sacrifícios que as diversas ideologias de esquerda aceitam podem ser diferentes. Nos capítulos anteriores, mostramos que há sim conflito entre democracia e renda permanente média, assim como entre esta última e igualdade. Cada indivíduo escolhe seu próprio nível de sacrifício. Os capítulos anteriores apresentaram alguns nortes para essas escolhas.

Esquerda Versus Liberais

Ao longo do livro, em vários momentos a ideologia de esquerda foi confrontada com o pensamento liberal. Não se perdeu tempo em comparações com os conservadorismos político e social, pois esses são produto do anacronismo ideológico e possuem pouco fundamento filosófico. Não houve preocupação, por exemplo, com fundamentos ideológicos que justifiquem mulheres usarem burca, como ocorre em países de cultura muçulmana, nem com visões que achem justificável mulheres serem estupradas por usarem roupas insinuantes, como alguns ambientes ideológicos no Brasil parecem defender. Tais posturas políticas e sociais não merecem que se perca tempo com elas. Da mesma forma, essa postura adotada aqui com relação a essas ideologias conservadoras serve também para explicar a ausência de críticas ao autoritarismo, à monarquia e a outras práticas que são produto do conservadorismo político. As ideologias liberais já foram muito bem-sucedidas em demonstrar a fragilidade dessas concepções. Então, ao pensamento de esquerda cabe se preocupar com seu confronto com as ideologias liberais.

Além disso, também não se perdeu muito tempo confrontando-se o dirigismo estatal na economia com uma economia de mercado em que o ambiente institucional assegure uma distribuição de renda saudável. Essa discussão já é bem-conhecida, em termos empíricos e teóricos, e há muito já foi vencida pelos liberais. Não que a economia de mercado leve a um máximo de eficiência, pois é bem-sabido que existem muitas falhas de mercado, como externalidades, bens públicos, falhas de coordenação, rendimentos crescentes de escala etc. Mas, quando essas falhas são devidamente tratadas por regulações adequadas, a economia de mercado gera resultados bem satisfatórios na alocação de recursos. Teoricamente, no futuro, com informação perfeita e sistemas computacionais muito desenvolvidos, o dirigismo estatal poderá ser relativamente mais eficiente. Na sua forma atual, o capitalismo gera muitas perdas por causa das incertezas e erros nas posições tomadas, por serem essas baseadas em expectativas quanto ao futuro. Mas a humanidade ainda está muito longe desse estado.

As diferenças entre as ideologias de esquerda e as liberais que foram tratadas ao longo do livro podem ser assim sintetizadas:

i. As ideologias de esquerda dão mais ênfase à distribuição de renda do que os liberais na sua definição de prioridades para a sociedade. Na versão mais radical do liberalismo, a distribuição de renda não seria objeto de preocupação, pois o mercado a resolveria e não caberiam políticas públicas para alterá-la. Já a esquerda aceita sacrificar alguma eficiência econômica para promover a distribuição de renda.

ii. O conceito de democracia para a esquerda implica maior preocupação com a preservação dos direitos das minorias, quando comparado à visão liberal. Enquanto esta última argumenta que a democracia tem que assegurar que os interesses das maiorias prevaleçam, a esquerda reconhece que o altruísmo é um determinante importante das prioridades dos seres humanos. Por isso, defende que o respeito a essa característica intrínseca da natureza humana deve ser prioridade na definição de instituições, valores e normas sociais. Isso leva a uma maior defesa das minorias. Processos decisórios sociais devem facilitar a revelação das prioridades de minorias e assegurar mecanismos de proteção e respeito a elas.

iii. A prioridade da democracia para a esquerda é tal que ela aceita maior sacrifício de renda permanente ou eficiência econômica para atingir níveis mais elevados de democracia. Ou seja, a prioridade desta última é maior entre as visões verdadeiramente de esquerda.

Além dessas diferenças essenciais, há alguns mitos que não são verdadeiros na confrontação entre esquerda e liberalismo. Entre eles, cabe destacar:

i. A esquerda defende governos maiores do que os liberais. Isso não é verdade. Dadas as relações existentes entre democracia, distribuição de renda e eficiência econômica por um lado, e o tamanho dos governos por outro, a esquerda tende a defender governos até menores do que os liberais. A maior prioridade na distribuição de renda e o fato de que governos maiores tendem a promover sua concentração justifica essa relação.

ii. A esquerda defende maior intervenção do governo na alocação de recursos entre setores econômicos. Isso também não é verdade. O dirigismo estatal não faz parte das políticas defendidas pela esquerda verdadeira. Assim como a maioria das ideologias, após a Segunda Guerra Mundial, vários partidos de esquerda passaram a desacreditar a eficiência dos mercados para alocar recursos na economia. Entretanto, após muitas experiências concretas, percebeu-se que intervenções do setor público nessa alocação em geral produziam resultados piores. Outras ideologias admitiram o erro e voltaram a confiar nos mercados, reconhecendo que apenas em casos de falhas elevadas de mercados a intervenção estatal poderia gerar melhores resultados. Infelizmente, algumas ideologias de esquerda continuaram a insistir nessa visão, por acreditarem que contribuíria para desacreditar o capitalismo. Outras dificuldades ideológicas das esquerdas e o estatismo das experiências concretas ainda em vigor à época também reduziram sua capacidade de ajuste a essa visão. Mas esse erro não faz parte da essência da esquerda, que tem no conhecimento científico um de seus pilares de formação de ideias. Ou seja, o intervencionismo estatal excessivo na alocação de recursos é um mito que foi construído apenas por causa da demora da esquerda em reconhecer um erro que acabou dominando a concepção da maior parte das ideologias sociais.

Natureza da Igualdade Defendida

A igualdade defendida pela verdadeira esquerda não é absoluta, como parecem pregar alguns esquerdistas radicais. As ideologias de esquerda reconhecem que esforços diferentes podem e devem gerar desigualdades de bem-estar. Indivíduos que tiveram as mesmas condições iniciais, mas que tiveram empenhos produtivos distintos, podem e devem ter rendas permanentes variadas em uma concepção verdadeiramente de esquerda. Há uma velha frase conceitual do socialismo que traduz essa noção: *de cada um de acordo com sua capacidade e para cada um de acordo com seu esforço*. Ou seja, defende-se uma premiação do esforço individual e reconhece-se a existência de aptidões diferenciadas, independentes das condições iniciais.

O que a esquerda visa eliminar são principalmente as desigualdades de oportunidades. Ou seja, não é o fato de indivíduos nascerem em lares, regiões ou países diferentes, ou mesmo serem de gêneros distintos, que deve levar a oportunidades distintas de prosperidade. Todos devem ter acesso às mesmas condições. Entretanto, aqueles que desenvolverem mais suas habilidades, seja por maior esforço ou direcionamento mais eficiente de sua preparação, podem e devem ser premiados com melhores resultados. Essas desigualdades de resultado dos esforços individuais podem inclusive ser uma motivação importante para elevar a renda permanente média, pois gera mais incentivo para os indivíduos se esforçarem. Assim, a existência delas pode ser inclusive um instrumento muito relevante de promoção de bem-estar geral.

Entretanto, mesmo reconhecendo o papel das desigualdades de renda gerada pelas diferenças de empenho, a esquerda ainda assim defende que as forças de mercado podem exagerar na geração de desigualdades. Por isso, advogam por políticas fiscais que amenizem a concentração de renda e por políticas específicas que assegurem um bem-estar básico para todos os indivíduos. Políticas de saúde pública gratuita, programas de renda mínima, entre outras, são alguns dos instrumentos defendidos. É importante, contudo, que essas políticas não retirem a economia de uma alocação de recursos eficiente e que não sejam exageradas a ponto de reduzir muito a renda permanente média. Isso vai ocorrer se as políticas, sobretudo pela parte tributária, reduzirem demais os ganhos de esforços individuais marginais.

Como consequência dessas concepções, fica óbvio que algumas fontes de desigualdade de renda ou bem-estar são mais toleradas do que outras. Desigualdades originadas por herança ou por ganhos sem contrapartidas de esforço pessoal são menos toleradas do que aquelas que emergem de diferenças em empenhos individuais, principalmente da quantidade de trabalho despendido.

Uma fonte importante de desigualdade de renda em economias capitalistas advém da postura diferente diante das incertezas e de valorizações exacerbadas de talentos individuais, mesmo que os resultados alcançados sejam desproporcionais ao esforço efetivamente exercido. Ou seja, dois indivíduos que dispendem o mesmo esforço e possuem as mesmas condições iniciais muitas vezes recebem rendas permanentes completamente distintas por causa de seus talentos individuais ou postura diferenciada diante dos riscos.

Ganhos de jogadores de futebol e artistas de massa, como cantores, encontram-se nessa remuneração elevada de talentos individuais. Empresários bem-sucedidos porque direcionam seus talentos e esforços para atividades específicas também podem obter recompensas bem elevadas, quando comparadas às de outros que despendem o mesmo esforço, mas se dedicam a atividades menos rentáveis ou não conseguem ter a mesma visão dos primeiros (diferenças de talento nesse caso). A verdadeira esquerda não tem dificuldades em aceitar como legítimas essas vantagens de rendas individuais, pois emanam de atributos individuais que foram devidamente trabalhados. Isso não quer dizer que algumas restrições aos desequilíbrios a partir de políticas tributárias não sejam vistas com bons olhos. Mas elas não deveriam ser dirigidas a esses casos de sucesso, e sim a todos os indivíduos com rendas mais elevadas.

Mais Democracia

Uma das características essenciais da esquerda é o compromisso com a democracia. E esta não é definida apenas pelo direito ao voto e prevalência das escolhas da maioria. A democracia de esquerda defende que as regras de decisão devem estimular que haja propensão maior à conciliação entre posições orginalmente conflitantes, de forma que as maiorias não se imponham às minorias. Ela parte do pressuposto de que os indivíduos, por serem altruístas, tendem a respeitar os demais e por isso cedem parte de seu bem-estar para contemplar os interesses das minorias, até mesmo por causa de sua aversão ao risco e possibilidade de perder o controle das decisões.

O acesso a informação pelos indivíduos que decidem ou que são representados por eles, além de mecanismos bem-definidos que evitem o risco moral, também são vistos como partes fundamentais da democracia em um conceito de esquerda. Nesse contexto, o dinheiro e outros atributos individuais que são extrínsecos à natureza humana dos indivíduos não podem ser determinantes de poder no processo decisório. Defende-se que os indivíduos de uma coletividade são iguais no processo de decisão coletiva, independentemente desses atributos extrínsecos.

A ideia de democracia também contempla a necessidade de a sociedade possuir mecanismos de revelação e aprimoramento de posições minoritárias, assim como da capacidade dessas últimas arregimentarem novos adeptos. Ou seja, as preferências de minorias devem possuir mecanismos de revelações públicas e ser objeto de discussão nas esferas de construção coletiva de ideias. Isso demanda não só a liberdade de expressão e de imprensa, mas a tolerância e a diversidade dos meios de trocas de informações e ideias em uma sociedade. As instituições, normas e valores sociais têm que facilitar esse fluxo de informações e opiniões. Ou seja, o conceito de democracia para a esquerda é mais complexo e completo do que na visão liberal tradicional.

Socialismo Concreto

A verdadeira esquerda reconhece o fracasso do socialismo concreto que foi implementado na União Soviética, na Hungria, na Polônia e em tantos outros países no passado e em vários ainda sob esses regimes de governo, como Vietnã, Cuba e Coréia do Norte. As muitas informações disponíveis mostram que o bem-estar per capita nesses países não evoluiu muito e a eficiência econômica ficou altamente comprometida. O excesso de presença do governo, seja no controle ou no envolvimento direto na gestão da produção, foi o principal responsável pela ineficiência. Apesar de a distribuição de renda ser boa nesses países, ela foi obtida a custos elevados de democracia e de renda permanente média. Por isso, essa não é uma boa forma de uma sociedade se organizar.

Esses regimes de governo partiram do pressuposto de que o altruísmo do ser humano seria maior do que ele de fato é. Por isso acreditavam que, ao se libertar das amarras da divisão de classes, as pessoas trabalhariam pelo bem da coletividade. Elas estariam dispostas a se esforçar ao seu máximo produtivamente, mesmo que isso não trouxesse benefícios para si ou seus entes queridos mais próximos. Estendeu-se para toda a sociedade um nível de altruísmo que só se encontra entre seres humanos com relações muito próximas, sejam elas familiares ou de qualquer outra natureza, mas que sejam resultado de contatos frequentes. Esse erro de interpretação do ser humano levou ao fracasso verificado nessas experiências.

A existência de diversos níveis de propensão a cooperar de um mesmo indivíduo com outros foi analisada no capítulo 1. Essa variação se dá por causa de níveis de relação entre indivíduos e pode variar no tempo também, mesmo entre um conjunto determinado de indivíduos. A luta da esquerda é para construir uma sociedade em que os indivíduos sejam o mais cooperativos possível nos diversos momentos, pois assim se assegurará um maior bem-estar coletivo. Mas a cooperação não pode ser uma imposição do governo, pois isso apenas gerará comportamento criminoso e ineficiente. As pessoas, em vez de cooperar como os governos gostariam, montam estratégias de comportamento individual que aumentem o seu bem-estar, dadas as regras existentes. No contexto do socialismo concreto, as estratégias frequentemente definidas implicaram em trabalhar pouco, não ousar para melhorar a eficiência econômica e extrair benefícios pessoais por tratamento especial ou mesmo ganhar poder na burocracia estatal para conseguir benefícios. O resultado foi ineficiência econômica e baixa democracia por causa da apropriação do estado pelos burocratas. Apenas a distribuição de renda melhorou.

Ou seja, o fracasso do socialismo concreto foi decorrência da avaliação errônea de que o que fazia o ser humano não ser intrinsecamente bom, revelando-se como a imagem e semelhança do Deus cristão, era a divisão de classe. Não se reconheceu que o conflito entre comportamento cooperativo ou não cooperativo é intrínseco à natureza humana. Não somos sempre egoístas, como supõe as filosofias liberais. Mas também não somos sempre cooperativos, se livres de amarras sociais geradas pelo conflito de classes. Por isso, temos que ter instituições, valores e normas sociais que elevem a propensão à cooperação. Não basta eliminar as classes sociais do capitalismo para que isso aconteça naturalmente.

Partidos de Esquerda no Brasil Atualmente

Alguns partidos brasileiros se apresentam para a sociedade como de esquerda. Entre os tantos que compõem o quadro partidário atual, destacam-se PT, PSB, PDT, PCdoB, PSOL, PSTU e mesmo Cidadania. Mas na verdade nenhum deles é de esquerda de verdade, com a possível exceção do Cidadania. Todos abandonaram os princípios básicos da esquerda ao defenderem bandeiras que vão de encontro a eles. Abriram mão do compromisso com a melhor distribuição de renda, a eficiência econômica e a democracia. Obviamente a má qualificação de seus líderes é um determinante fundamental desse abandono da esquerda. Mas a infiltração de interesses corporativos de segmentos específicos, como a alta burocracia do setor público, desempenha papel muito importante nessa postura anti-esquerda dos partidos que se apresentam como de esquerda no Brasil.[1]

Esses partidos abandonaram a base racional e científica na elaboração de suas prioridades. Em vez de optarem por entender a realidade à luz das ciências sociais, quando precisam se posicionar diante de oportunidades de influenciar o arcabouço institucional do país, ou mesmo as normas e os valores sociais, geralmente recorrem a crenças infundadas. Por isso, descambam para um populismo esquerdista,

---

1   Barros (2016) traz uma análise dos conflitos sociais no Brasil ao longo de sua história e mostra como em vários momentos ao longo dos últimos cem anos as ideologias de esquerda foram capturadas pelo corporativismo da alta burocracia estatal.

que termina por ser altamente reacionário.[2] Nesse contexto, defendem políticas e reformas institucionais que exacerbam a concentração de renda, geram ineficiências econômicas e muito comumente ferem a democracia.

As medidas perversas dentro de uma visão de esquerda vão desde tentativas de limitar a atuação da imprensa, ferindo a democracia, até a proteção a setores específicos que já concentram muita renda, como a alta cúpula do funcionalismo público ou bancos e grandes empresas, tendo como resultado a concentração de renda. Também defendem a intervenção do estado para definir a alocação de recursos, como subsídios a setores econômicos específicos, ferindo assim gravemente a eficiência econômica. Ou seja, apesar do populismo nas declarações, esses partidos têm entre suas prioridades tudo que afronta os ideais de esquerda. Por isso não podem ser considerados verdadeiramente de esquerda.

Além disso, defendem o estado grande, cedendo aos encantos do socialismo a conta-gotas, discutido em mais detalhes no capítulo 5. Nesse contexto, advogam uma burocracia estatal forte, que em geral promovem seus privilégios e contribuem para a concentração de renda. Com o poder que optam por atribuir a essa burocracia, junto com o ódio que destilam ao setor empresarial, contribuem para o exercício excessivo de poder de autoridades públicas, violando assim os princípios democráticos. Ou seja, além de darem suporte à concentração de renda, enriquecendo a alta cúpula da burocracia, e promoverem a ineficiência econômica por meio da defesa de distorções na alocação de recursos produtivos, também comprometem a democracia com a defesa de poder abusivo dos agentes do estado.

Ou seja, esses partidos que se dizem de esquerda, por mais que, de forma populista, se apresentem assim e que sempre digam defender os interesses da maioria mais pobre do país, são na verdade anti-esquerdas, ou o que tradicionalmente se diz ser de direita. Não é ter um líder operário ou que combata a elite em discurso que faz um partido ser de esquerda. É necessário que defenda políticas e mudanças institucionais que realmente estejam de acordo com os princípios da esquerda, que foram sintetizados aqui neste livro.

---

2   Muller (2016) traz uma análise e conceituação do populismo, inclusive tratando também do populismo de esquerda, que é o caso de alguns partidos que se dizem de esquerda no Brasil.

REFERÊNCIAS

Acemoglu, D. e J. Robinson, "Democratization or Repression", *European Economic Review*, 44(4): 683-693, 2000.

Acemoglu, D. e M. Jackson, "History, Expectations, and Leardership in the Evolution of Social Norms", *Review of Economic Studies*, 82(2): 423-456, 2015.

Acemoglu, D., S. Naidu, P. Restrepo e J. Robinson, "Democracy Does Cause Growth", *Journal of Political Economy*, 127(1): 47-100, 2019.

Afonso, A. e J. Tovar Jalles, "Economic Performance and Government size", European Central Bank Working Paper Series, # 1399, Novembro, 2011.

Afonso, A., e D. Furceri, "Government Size, Composition, Volatility and Economic Growth", *European Journal of Political Economy*, 26(4), 517–532, 2010.

Alesina, A. e D. Rodrik, "Distributive Politics and Economic Growth", *The Quarterly Journal of Economics*, 109(2): 465-490 1994.

Anderson, E., M. A. Jalles D'Orey, M. Duvendack e L. Esposito, "Does government spending affect income inequality? A meta-regression analysis", *Journal of Economic Surveys*, 31(4): 961-987, 2017.

Ando, A., and F. Modigliani, "The 'life-cycle' hypothesis of saving: aggregate implications and tests", *American Economic Review*, 53(1): 55–84, 1963.

Arrow, K. (1965). "Aspects of the Theory of Risk Bearing". *The Theory of Risk Aversion*. Helsinki: Yrjo Jahnssonin Saatio. Reprinted in: Essays in the Theory of Risk Bearing, Markham Publ. Co., Chicago, 90-109, 1971.

Arrow, K., "What Has Economics to Say about Racial Discrimination?", *Journal of Economic Perspectives*, 12(2): 91-100, 1998.

Asimakopoulos, S., e Y. Karavias, "The impact of government size on economic growth: a threshold analysis", *Granger Centre Discussion Paper*, # 15/02, University of Nottingham, 2015.

Balamatsias, P., "Democracy and Government Spending", Munich Personal RePEc Archive Paper, # 86905, May, 2018.

Banerjee, A. e E. Duflo, "Inequality and Growth: What Can the Data Say?", *Journal of Economic Growth*, 8(3): 267-299, 2003.

Barro, R., "Government Spending in a Simple Model of Endogenous Growth", *Journal of Political Economy*, 98(5): 103–125, 1990.

Barro, R., "Inequality and Growth in a Panel of Countries", *Journal of Economic Growth*, 5(1): 5-32, 2000.

Barros, A. R., *Desigualdades Regionais no Brasil*, Rio de Janeiro: Campus-Elsevier, 2011.

Barros, A., *Raízes das Desigualdades Regionais no Brasil*, Rio de Janeiro: Alta Books, 2018.

Barros, A., *Roots of Brazilian Relative Economic Backwardness*, Cambridge, Mass.: Elsevier, 2016.

Benabou, R., "Inequality and Growth". *In: NBER Macroeconomics Annual 1996*, Volume 11. MIT Press, pp. 11-92, 1996.

Benabou, R., "Unequal Societies: Income Distribution and the Social Contract". *American Economic Review*, 90(1): 96-129, 2000.

Bergh, A. e M. Henrekson, "Government Size and Growth: A Survey and Interpretation of the Evidence", *Journal of Economic Surveys*, 25(5):872-897 2011.

Bergh, Andreas, e Martin Karlsson. 2010, "Government Size and Growth: Accounting for Economic Freedom and Globalization", *Public Choice* 142(1–2): 195–213. 2010.

Bobbio, N., *Left and Right: The significance of a Political Distinction*, Hoboken, NJ: John Wiley & Sons, 1996.

Boehm, C., *Moral Origins: Social Selection and the Evolution of Virtue, Altruism, and Shame*, Nova York: Basic Books, 2010.

Bowles, S. e H. Gintis, *A Cooperative Species*, Princeton: Princeton University Press, 2011.

Cardoso, F. H. e E. Faletto, *Dependência e Desenvolvimento na América Latina: Ensaio de Interpretação Sociológica*. 7º ed. Rio de Janeiro: Editora LTC, 1970.

Coppedge, Michael, John Gerring, Staffan I. Lindberg, Svend-Erik Skaaning, Jan Teorell, Joshua Krusell, Kyle L. Marquardt, Valeriya Mechkova, Daniel Pemstein, Josefine Pernes, Laura Saxer, Natalia Stepanova, Eitan Tzelgov, Yi-ting Wang e Steven Wilson. *V-Dem Methodology v7*. Varieties of Democracy (V-Dem) Project, 2017.

Dal Bó, P. E G. Fréchette, "On the Determinants of Cooperation in Infinitely Repeated Games: A Survey", *American Economic Review*, 56(1): 60-114, 2018.

Dar, A. e S. AmirKhalkhali, "Government Size, Factor Accumulation, and Economic Growth: Evidence from OECD Countries", *Journal of Policy Modeling*, 24(7–8): 679–692, 2002.

Darendorf, R., *Class and Class Conflict in Industrial Society*, Stanford: Stanford University Press, 1959.

Darwin, C., *On the Origin of Species by Means of Natural Selection, or The Preservation of Favoured Races in the Struggle for Life*, Londres: John Murray Albemarle Street, 1859.

Dawkins, R., *The Selfish Gene*, Oxford: Oxford University Press, 1976.

Deaton, A., *Understanding Consumption*, Oxford: Oxford University Press, 1992.

Donagan, A., "The Popper-Hempel Theory Reconsidered", in *Philosophical Analysis and History*, W. H. Dray (ed.), Nova York: Harper & Row, pp. 127–159, 1966.

Durlauf, S. and M. Fafchamps, (2006) "Social Capital", in Aghion P. and Durlauf S. N. (eds), *Handbook of Economic Growth*, Amsterdam: North Holland.

Fehr, E. e U. Fischbacher, "The Nature of Human Altruism", *Nature*, 425, 785-791, 2003.

Field, A., *Altruistically Inclined?* Ann Arbour: University of Michigan Press, 2004.

FMI, *World Economic Outlook*, Abril, 2018.

Fölster, S. e M. Henrekson. "Growth Effects of Government Expenditure and Taxation in Rich Countries", *European Economic Review*, 45(8): 1501–1520, 2001.

Friedman, M., "The Permanent Income Hypothesis", in M. Friedman, *A Theory of the Consumption Function*, Princeton: Princeton University Press, 1957.

Galor, O. e O. Moav, "From Physical to Human Capital Accumulation: Inequality and the Process of Development", *Review of Economic Studies*, Julho de2004.

Glaeser, E., J. Scheinkman e A. Shleifer, "The Injustice of Inequality", *Journal of Monetary Economics*, 50(1): 199-222, 2003.

Gneezy, U., A. Leibbrandt and J. List, "Ode to the sea: workplace organizations and norms of cooperation," *NBER Working Paper*, # 20234, Cambridge, Mass., Junho de 2014.

Gramsci, A., *Concepção Dialética da História*, Rio de Janeiro: Civilização Brasileira, 1978.

Hajamini, M. e M. AliFalahi, "Economic growth and government size in developed European countries: A panel threshold approach", *Economic Analysis and Policy*, 58:(Junho): 1-13, 2018.

Harari, Y., S*apiens: A brief History of Humankind*, Londres: McClelland & Stewart, 2014.

Hardin, G., "The Tragedy of the Commons", *Science*, 162(3859), 1243-1248, 1968.

Hegel, G. F., *The Philosophy of History*, Kitchener (Ontario, Canada): Batoche Books, 2001, publicado originalmente da Alemanha em 1837.

Hobbes, T. (1651), *Leviatã*, São Paulo: Martins fontes. pp. 299–311, 2014.

Hutchinson, S. P., *The third wave: Democratization in the late twentieth century* (Vol. 4). Norman (OK): University of Oklahoma Press, 1991.

Kaldor, N., "A Model of Economic Growth", *The Economic Journal*, 67(268): 591-624, 1957.

Kant, I. (1784) (English translation of original 1784 article:) "Idea of a Universal History on a Cosmo-Political Plan", *The London Magazine*: pp. 385-393, 1824.

Kenrick, D., V. Griskevivius, S. Neuberg e M. Schaller, "Renovating the Pyramid of Needs: Contemporary Extensions Built Upon Ancient Foundations", *Perspective Psychological Science,* 5(3): 292-314, 2010.

Kim, D., Y. Wu e S. Lin, "Heterogeneity in the effects of government size and governance on economic growth", *Economic Modelling,* 68: 205–216, 2018.

Kraay, A., "Weak Instruments in Growth Regressions: Implications for Recent Cross--Country Evidence on Inequality and Growth", *World Bank Policy Research Working Paper,* # 7494, 2015.

Krebs, D. L., *The origins of morality: An evolutionary account,* Nova York: Oxford University Press, 2011.

Krueger, A., "The Political Economy of the Rent-Seeking Society", *The American Economic Review,* 64(3) 291-303, 1974.

Laffont, J. e D. Martimort, *The Theory of Incentives,* Princeton: Princeton University Press, 2002.

Lorenz, K., *Das Sogenannte Böse, Zur Naturgeschichte der Aggression,* Vienna: De Verlag, 1963.

Lucas, R., "On the Mechanics of Economic Development", *Journal of Monetary Economics,* 22(1): 3-42, 1988.

Mailath, G. e L. Samuelson, *Repeated Games and Reputation,* Oxford: Oxford University Press, 2006.

Marx, K., The German Ideolgy, Moscow: Marx-Engels Institute, 1932.

Marx, K., *Contribuição à Crítica da Economia Política,* São Paulo: Martins Fontes, 1977.

Marx, K., *Capital,* Nova York: International Publishers, 1967.

Marx, K., *The Eighteenth Brumaire of Louis Bonaparte,* Nova York: International Publishers, 1963.

Maslow, A., "A Theory of Human Motivation", *Psychological Review,* vol. 50, 370-396, 1943.

Maslow, A., *Motivation and Personality,* 2nd edition, Nova York: Harper & Row, 1970.

Modigliani, F., "The Life Cycle Hypothesis of Saving, the Demand for Wealth and the Supply of Capital", *Social Research,* 33(2): 160–217, 1966.

Modigliani, Franco & Richard H. Brumberg (1954) "Utility analysis and the Consumption Function: An Interpretation of Cross-Section Data", em Kenneth K. Kurihara (editor) *Post-Keynesian Economics,* New Brunswick: Rutgers University Press, p.388-436, 1954.

Modligliani, F., "Recent Declines in the Saving Rates: A life Cycle perspective", em M. Baldassarri, L. Paganetto e E. Phelps (eds.), *World Saving, Prosperity and Growth,* London: Palgrave-Macmillan, 1993.

Muller, J., *What is Populism?* Philadelphia: University of Pennsylvania Press, 2016.

Olson, M., *The Logic of Collective Action*, Cambridge (Mass.): Harvard University Press, 1965.

Persson, T. e G. Tabellini, "Is Inequality Harmful for Growth?", *American Economic Review*, 84(3): 600-621, 1994.

Rawls, J., *A Theory of Justice*, Cambridge (Mass.): Harvard University Press, 1971.

Romer, P., "Endogenous Technological Change", *The Journal of Political Economy*, 98(5): s71-s102, 1990.

Romero-Avila, Diego, e Rolf Strauch, "Public Finances and Long-Term Growth in Europe: Evidence from a Panel Data Analysis", *European Journal of Political Economy*, 24(1): 172–191, 2008.

Roughgarden, J., *The Genial Gene: Deconstructing Darwinian Selfishness*, 2009.

Solow, R., "A contribution to the theory of economic growth", *Quarterly Journal of Economics, 70 (1): 65–94*, 1956.

Stolper, W. F. e P.A. Samuelson, "Protection and Real Wages", *The Review of Economic Studies*, 9(1): 58–73, 1941.

Tirole, J., "A Theory of Collective Reputation", *Review of Economic Studies*, 63(1): 1-22, 1996.

Waal, F., *The Age of Empathy*, Nova York: Harmony Books, 2009.

ÍNDICE

A

Aceleração do desenvolvimento econômico, 44

Altruísmo, 27, 97, 162

intrínseco, 35

Assimilação de proposições, 31

Associação de classe, 30

Atributos, 73

adquiridos, 73, 81

herdados, 73, 87

Autoestima, 32

Autorrealização, 33

Aversão ao risco, 19, 27, 97, 161

B

Bem-estar social, 45

C

Capital humano, 71

Charles Darwin, 5

Classes sociais, 16

Coeficiente de Gini, 45, 57, 83, 113, 142

Complexidade institucional, 22

Comportamento, 21

cooperativo, 21

não cooperativo, 21

Conceito

de direita, 44, 62

de esquerda, 44, 62

Confusão ideológica, 3

Crescimento econômico, 53, 112, 139

Cultura política democrática, 108

Curva de Lorenz, 56, 58

D

Dedução racional, 31

Defesa da democracia, 44

Democracia, 48, 126, 139, 168

constitucional, 96

deliberativa, 129

direta, 95

eleitoral, 129

igualitária, 129

liberal, 100, 104, 109

participativa, 129

representativa, 49, 96, 107

Dependência intertemporal, 10

Desigualdade de renda, 69, 83

Diáspora ideológica, 1

Diferenciação entre indivíduos, 46

  ambientes sociais, 46

  genética, 46

  histórias individuais, 46

Dilema do prisioneiro, 25

Dinâmica social de longo prazo, 18

Direita retrógrada, 63

Direito

  à inviolabilidade física, 49

  à vida, 49

Dispersão da renda, 85, 89

Distribuição de renda, 53, 60, 111,
    117, 121, 133, 139, 164

E

Eficiência produtiva, 22

Equilíbrio de Nash, 26

Esquerda retrógrada, 63, 67, 149

Estrutura

  institucional, 30, 49, 92

  tributária ótima, 154

Evolução histórica, 23, 36, 38

Experiência empírica, 31

F

Filosofia

  da história, 11, 16, 38

    de Hegel, 12

      real x ideal, 12

    marxista, 11

      relações sociais de produção,
        11

      superestruturas, 11

  de esquerda, 36

  liberal, 36

  social, 70

Forças produtivas, 15, 19, 40, 51, 163

Função Cobb-Douglas, 74

G

Gastos públicos, 139, 148

H

Herança animal, 18

Hipótese de Modigliani e Ando, 47

I

Ideologia

  de esquerda, 89, 126, 141

  estritamente liberal, 141

  liberal, 156

  moderna de esquerda, 10

  social, 38

Igualdade

de oportunidades, 69, 88

de renda, 67

social, 41, 44

Índice de democracia, 127, 129, 132

Inflação perversa, 139

Instinto de sobrevivência, 18, 23

Integração comercial, 22

J

Justiça social, 3, 111

L

Lei de Wagner, 124

Liberalismo

maduro, 38

radical, 38

M

Modos de produção, 16, 24

Monopólio, 54

Mutualismo, 28, 35, 97, 162

N

Natureza humana, 70

intrínseca, 34

Nazismo, 21

O

Oligopólio, 54

Oportunismo, 29, 36, 98

Ordem social, 34

P

Penalizações sociais, 49

Pirâmide de Maslow, 32, 39

Planejamento intertemporal, 19

Posição progressista, 50

Processo produtivo, 16

Proxies, 31

Punição altruística, 27

R

Racionalidade, 17, 23

Receio de retaliação, 28, 36, 98

Regras de proteção às minorias, 109

Relações sociais de produção, 15

Renda permanente, 58, 83, 133, 141

média, 59, 76, 83, 122, 140

original, 47

relativa, 89

Retaliação altruística, 29, 98

Revolução

Francesa, 44

social, 16

Risco moral (moral hazard), 107

S

Separação dos poderes, 107

Socialismo

    a conta-gotas, 111, 116, 126, 141

    utópico, 147

Superestruturas, 15

    políticas, 13

T

Teoria

    da Evolução das Espécies, 9

    da renda permanente, 79

    do Consumidor em Economia, 75

    do Jogos, 9

    Marxista, 4, 9

Teste de Hausman, 131

Tributação média por indivíduo, 144

CONHEÇA OUTROS LIVROS DA ALTA BOOKS

Todas as imagens são meramente ilustrativas.

➕ CATEGORIAS

Negócios - Nacionais - Comunicação - Guias de Viagem - Interesse Geral - Informática - Idiomas

---

SEJA AUTOR DA ALTA BOOKS!

Envie a sua proposta para: autoria@altabooks.com.br

Visite também nosso site e nossas redes sociais para conhecer lançamentos e futuras publicações!

www.altabooks.com.br

ALTA BOOKS
E D I T O R A

📷 /altabooks ▪ 🅕 /altabooks ▪ 🐦 /alta_books

Este livro foi impresso nas oficinas gráficas da Editora Vozes Ltda.,
Rua Frei Luís, 100 – Petrópolis, RJ.